W0054395

Nadine Weihe (Hg.)

Hoffnung, die durchs Leben trägt

Nadine Weihe (Hg.)

Hoffnung,
die durchs Leben trägt

*Ermutigende Geschichten
für den Alltag*

neukirchener
aussaat

Bibliografische Information der Deutschen Nationalbibliothek

Die Deutsche Nationalbibliothek verzeichnet diese Publikation
in der Deutschen Nationalbibliografie; detaillierte bibliografische
Daten sind im Internet über http://dnb.d-nb.de abrufbar.

© 2017 Neukirchener Verlagsgesellschaft mbH, Neukirchen-Vluyn
Alle Rechte vorbehalten
Umschlaggestaltung: Henri Oetjen, Lemgo,
www.designbuero-oetjen.de,
unter Verwendung eines Bildes von © Fotolia
DTP: Breklumer Print-Service, www.breklumer-print-service.com
Verwendete Schriften: Adobe Caslon Pro, Matrix Script
Gesamtherstellung: FINIDR, s.r.o.
Printed in Czech Republic
ISBN 978-3-7615-6367-0

www.neukirchener-verlage.de

Inhalt

Lichtblicke im Alltagstrubel

AXEL KÜHNER
Alltag oder All-Tag   11

HANNA AHRENS
Zwischen Familie und Beruf   13

KAREN KINGSBURY
Ein Kind wird sie leiten   20

JOACHIM RINGELNATZ
Blues   27

AXEL KÜHNER
Auf Händen getragen   28

UNBEKANNTER VERFASSER
Die Bohne   30

BIANKA BLEIER
Traum-haftes Strandleben   32

**Hoffnung,
die Jesus Christus schenkt**

AXEL KÜHNER
Vivit – Er lebt!   35

JÜRGEN WERTH
Alles auf eine Karte   37

AXEL KÜHNER
Wir haben ein Ziel   39

JÖRG SWOBODA
Für alle Fälle   41

AXEL KÜHNER
  Das ändert die Lage   45
NOOR VAN HAAFTEN
  Willem   46
AXEL KÜHNER
  Im Vertrauen geborgen   51

Ermutigungen für herausfordernde Zeiten

BIRGIT WINTERHOFF
  Gute Zeiten – schlechte Zeiten   55
WALTER FELDKIRCH
  Glauben heißt, sich tragen lassen   58
SABINE KLEY
  Wie ein nasser Sack   60
MAX KORANYI
  Angst   62
SABINE KLEY
  Was hilft in Notzeiten?   65
AXEL KÜHNER
  Gott ist noch da   66
RUDOLF OTTO WIEMER
  Die Chance der Bärenraupe,
  über die Straße zu kommen   68

Was Gott uns verspricht

MARIA LUISE PREAN-BRUNI
  Vertraue mir!   73

HANNA AHRENS
Trösten wie eine Mutter 75

BIRGIT WINTERHOFF
Zusage Gottes 78

STEFFI BALTES
Weit-Blick 81

JÜRGEN WERTH
Wie ein Gespräch am Telefon 83

NOOR VAN HAAFTEN
Jahreszeiten des Lebens 86

SABINE KLEY
Mein Hirte 91

Gott lässt uns nicht im Stich

ELISABETH WÄHRISCH
Die gute Mischung 95

ECKART BÜCKEN
All eure Sorgen 99

JÖRG SWOBODA
Stille im Sturm 100

ELISABETH WÄHRISCH
Liebe Traudel! 104

BIRGIT WINTERHOFF
Nicht allein unterwegs 108

NOOR VAN HAAFTEN
Ein neues Lied 111

AXEL KÜHNER
Ohne Sorge 116

Mit Gott erlebt

KERSTIN WENDEL
Hundert Nebeltage und mehr   121

JÖRG SWOBODA
Das Unmögliche anpacken   129

MAX KORANYI
Frühzeitig   132

LOTTE BORMUTH
Ein Engel auf der Autobahn   135

CHRISTIANE FREITAG
„Marktwert"   141

BRUNHILDE BLUNCK
Es geht – wenn auch auf Krücken   147

ELKE WERNER
Die Angst loslassen   150
Quellenverzeichnis   157

Lichtblicke im Alltagstrubel

Alltag oder All-Tag

Obwohl unser Leben voller Zauber und Geheimnis, voller Abenteuer und Abwechslung ist, angefüllt mit schöpferischer, bewegender Energie und immer aus auf Neues, Wunderbares und Großes, leben die meisten Menschen so dahin, als sei Leben etwas allseits Bekanntes und Alltägliches. Alltag ist für viele ein Tag wie alle Tage: grau in grau, gewöhnlich und gleichförmig, langweilig oder stressig, ohne Höhepunkt und Besonderheit, ohne Glanz und Erfüllung. Dabei könnte der Alltag auch ein Tag sein im Sinne von: das ganze All, alles im Leben an einem Tag.

Jeder Tag ist Gottes Tag für uns und mit uns, voller Leben und Wunder, voller Dynamik und Erfüllung. Unser All-Tag enthält wirklich alles, wenn wir jeden Tag als ein Wunderwerk aus Gottes Hand empfangen, mit ihm erleben, bei ihm bleiben und zu ihm hin gelangen. Ein Tag mit Gott ist ein Tag zum Wundern und Staunen, Freuen und Erwarten.

Welch ein Glück ist es, da zu sein, sich auf Erden und unter dem Himmel einzufinden, sich zu bewegen, Sonne und Wolken zu sehen, auf andere Menschen zu hören, mit ihnen zu sprechen und tief in sich zu fühlen, zu denken, zu träumen, zu handeln, zu lachen und zu lieben!

Gott will uns an jedem Tag alles geben: sich selbst und mit sich alles, was wir zum Leben brauchen.

HANNA AHRENS

Zwischen Familie und Beruf

Das klingt nach Hektik, Zerrissensein und Konflikt – und manchmal ist es auch so. Aber meistens ist es schön.

Ich jedenfalls möchte es nicht anders, ich könnte auf keines von beiden verzichten. Allerdings habe ich das große Glück, freiberuflich arbeiten zu können. Wann ich am Schreibtisch sitze, wann ich in der Küche stehe – das kann ich selbst bestimmen. Allerdings nicht ganz so souverän, wie es klingt.

Heute Morgen hatte ich mir vorgenommen, an Manuskripten zu arbeiten. Ein Telefonanruf. Kein Problem! Ein zweiter Anruf. Gleichzeitig die Türklingel. Ich öffne schnell. Meine Nachbarin braucht einen Liter Milch. Gern! Ich leihe mir ganz andere Dinge. Zurück an den Schreibtisch. Haustür: Ein Student möchte meinen Mann sprechen. Selbstverständlich! Zurück zum Schreibtisch. Jetzt will der Hund in den Garten. Isabelle hat vergessen, das Kaninchen zu füttern. Schnell eine Handvoll Gras und zwei Wurzeln. Und weil ich gerade im Garten bin, könnte ich ja auch gleich die Wäsche aufhängen. So, nun ist alles erledigt. Ich spanne ein neues Blatt in die Maschine. Mein Mann und der Student brauchen einen Kaffee. Wer würde das nicht verstehen? Leider ist die Kaffeedose leer. Ich fahre schnell zum Kaufmann. Halbe Stunde. Es ist ja immer noch Zeit bis zum Mittagessen. Kaum bin ich wieder im Haus, klingelt das Telefon: „Ist dort Frau Dr. Ahrens?"

„Ja, das heißt: Nein! Worum geht es denn?"

„Trenkner hier! Ich habe gerade eine Ladung Orient-Teppiche durch den Zoll bringen können und verkaufe sie zu Räumungspreisen. Falls Sie Interesse haben."

„Ja, falls … kommen wir! Vielen Dank, Wiederhören!" Jetzt reicht's langsam! Aber etwas Zeit bleibt ja noch. Nein, leider doch nicht: Isabelle kommt eher aus der Schule zurück. Frau Fuchs ist wieder krank. Sie sollen zu Hause eine Englisch-Nacherzählung schreiben.

„Hilfst du mir? Außerdem ist mein Fingernagel eingerissen. Kannst du mir den mal schneiden? Da hat man kein gutes Gefühl."

Dem kann ich nur zustimmen, auch mein Gefühl wird immer schlechter. Trotzdem: First things first! Und ich habe ja eine Familie gewollt. Da muss man fair sein. Was ich am Schreibtisch wollte, weiß ich inzwischen sowieso nicht mehr! Und: Nicht immer sind die Vormittage so schlimm. Manchmal sind sie schlimmer!

An solchen Tagen wünsche ich mir, meinen Arbeitsplatz nicht im Haus zu haben, und gelegentlich bin ich ja auch auf Reisen, weit weg von Telefon und Haustür. Eine Leidenszeit für meine Familie, die dabei aber ihre Begabung entdeckt hat, selber Brote zu streichen und Nudeln zu kochen.

Früher, als unsere Kinder noch kleiner waren, war ich immer zu Hause. Sie brauchten mich ja von morgens bis abends, und ich war ganz eng mit ihnen verbunden. Kein Niesen oder Husten, Lachen oder Weinen entging mir. Die Erschöpfung war oft groß – ebenso der Frust, immer im Haus sein zu müssen. Aber ich wusste: Es kommen andere Zeiten, einmal werde ich freier sein. Diese Zeit muss ich mit List und Tücke, Fantasie und der Organisation kleiner Freiräume aushalten. Kleine Brötchen backen und mit den Kindern kleine Schritte gehen. Wie schnell ist die Kleinkinderzeit vorbei – jedenfalls im Rückblick!

Jetzt sind nur noch Micha und Isabelle im Haus, und sie sind neunzehn und siebzehn. Und wenn die älteren Geschwister kommen oder anrufen, dann lasse ich alles stehen und

liegen und fühle mich wie „Hans im Glück"
in einer Glückshaut.

Mit dem Heranwachsen der Kinder wuchs
meine eigene Arbeit. Das ist nicht in jedem
Beruf so. Frauen, die auch mit kleinen Kindern voll berufstätig sein müssen (oder wollen), haben es viel schwerer. Da ist Stress an
der Tagesordnung. Dauerstress macht krank.
Er ruiniert nicht nur Nerven und Organe,
sondern nimmt dem Leben allen Glanz, alle
Tiefe und Freude. Er verzerrt das Gesicht und
macht hässlich. Er lässt uns anders reagieren
und anderes sagen, als wir eigentlich wollen.
Auch unsere Worte werden hässlich.

Als ich bei einem Hamburger Frauentref-
fen einmal über das Thema „Stress" gesprochen hatte, kam eine Frau zu mir und sagte:
„Wissen Sie, Zeit und Arbeit zu organisie-
ren, gut einzuteilen, das kriegt man ja hin!
Da lässt sich der Stress in Grenzen halten.
Für mich sind Menschen, die in meiner Nähe
leben, am anstrengendsten. Meine Schwester
zum Beispiel! Wenn ich sie nur von Weitem
sehe, das ist Superstress! Sie raubt mir jeden Nerv. Wenn sie gegangen ist, bin ich fix
und fertig und könnte vier Wochen Ferien
gebrauchen! Bei anderen ist es der Partner
oder die kranke Mutter, die nervige Nachba-

rin. Menschen auszuhalten – das kostet die meiste Kraft."

Ich konnte ihr nur zustimmen. Menschen sind anstrengender als Arbeit. Ihre Launen und Missstimmungen auszuhalten, ist schwer. Das Evangelium mutet uns zu: „Einer trage des anderen Last!" Aber es erlaubt uns auch gelegentlich zu sagen: „Nun kann ich nicht mehr! Ich brauche jetzt mal eine Pause, etwas Abstand und Zeit für mich."

Das ist kein unchristlicher Egoismus. Sonst kommen Hass- und Wutgefühle auf, ich werde ungerecht und ungenießbar. Das schadet anderen – und mir.

Zum Thema Stress ist unendlich viel gesagt und geschrieben worden. Wichtig ist wohl nur herauszufinden, welches Maß an Stress ich vertrage. Wie groß ist meine Belastbarkeit? Kann ich noch schlafen? Mich noch freuen? Kann ich in Ruhe zuhören? Etwas tun, was keinen praktischen Nutzen hat? Oder ist alles rationalisiert und zweckgerichtet? Und wenn es so ist: Was könnte ich lassen, abgeben, streichen, um nicht alles und mich selbst zu verlieren?

Im Neuen Testament steht eine Frage zum Thema: Sinn und Unsinn des Lebens. Sie lautet: Was nützt es dem Menschen, wenn er alles gewinnt – die ganze Welt – und doch sich selbst verliert und an seiner Seele Schaden nimmt? (Matthäus 16,26; Markus 8,36; Lukas 9,25).

Was hilft mir der größte Erfolg im Beruf oder in der Familie – wenn ich so erschöpft bin, dass ich gar keine Kraft mehr habe, mich darüber zu freuen? Und keine Zeit, dem Himmel für so viel Glück zu danken?

Was hilft es mir, wenn ich unersetzlich bin, den ganzen Tag wichtige Gespräche mit Menschen führe, aber gar nicht mehr dazu komme, mit dem zu reden, der mir dieses Leben geschenkt hat? Wenn ich gar nicht mehr höre, was Gott mir sagen will?

Was hilft mir alles, was ich gewinne, wenn ich keine Zeit mehr habe, den Himmel in mein Leben einzubeziehen? Wenn ich nur noch in meiner Arbeit vor mich hinwühle – dann bin ich wie ein blinder Maulwurf, der seine dunkle Umgebung für alles hält, was es gibt.

Dabei hat Gott mir so viel mehr zugedacht. Er möchte, dass Raum für Freude und Dank da ist, Zeit zum Hören und Reden, zum Spielen und Lachen.

Er will nicht, dass ich vor lauter Stress am Leben vorbeihaste und meine Seele verkommt.

Wenn ich sein Wort lese, dann lasse ich „einen Einspruch gegen mich selbst zu", und prüfe die Wahrheit meines Lebens „in einem fremden Spiegel" (F. Steffensky).

„Hört, so werdet ihr leben!" haben die Propheten in alten Zeiten dem Volk Israel gesagt. Es muss auch damals schon Stress und Irrwege gegeben haben. Darum sagt Gott: „Lebe vor meinem Antlitz! Sei ganz!" (1. Mose 17,1).

Er sagt dies zu Abraham, der seine eigenen Wege gegangen ist, Umwege aus Ungeduld.

Wenn Gottes Antlitz „mitgeht" und über uns ist, wenn seine Zuneigung bei uns Freude weckt, dann können wir „ganz" und ungeteilt sein, auch wenn der Stress uns manchmal fast zerreißt.

KAREN KINGSBURY

Ein Kind wird sie leiten

Kathy Hester freute sich auf den Campingausflug in die Berge, aber der viele Stress bei der Arbeit hatte dafür gesorgt, dass sie am Morgen des Ausflugs fix und fertig war. Zu ihrem Mann sagte sie: „Ich muss mich ständig daran erinnern, dass es eigentlich Spaß machen soll."

Jason nickte. „Manchmal liegt es ganz bei uns, was wir aus einer Situation machen."

Wenig später hörte Kathy, wie er Lieder schmetterte und die Kinder fröhlich zum Packen antrieb. Warum ist er nur so fröhlich?, überlegte sie.

Eine Stunde später waren sie dann unterwegs, und Jason versuchte, Kathys Stimmung etwas anzuheben. „Sieht ja ganz so aus, als bekämen wir super Wetter."

Kathy spürte, wie ihr Tränen in die Augen schossen. „In meinem Inneren sind nur Gewitterwolken. Am liebsten würde ich Gott darum bitten, mir zu helfen, dass ich wieder die Sonne sehen kann."

„Na, dann tu's doch", sagte Jason lächelnd.

„Das geht doch nicht." Kathy starrte aus

dem Fenster. „Es interessiert ihn bestimmt nicht, dass ich gerade einen Ausflug mache."

Vier Stunden später bogen sie auf den Campingplatz hoch oben in den White Mountains in Arizona ein. Die Kinder und Jason plauderten munter miteinander, obwohl am Himmel dicke Wolken aufzogen. Es war fünf Uhr nachmittags, als sie ihre Zelte aufgeschlagen und sich darin eingerichtet hatten.

„Sollen wir noch ein bisschen angeln gehen?", schlug Jason vor. Die Kinder stimmten jubelnd zu.

„Klar." Kathy rang sich ein Lächeln ab.

Es wurde ein schöner Abend. Sie lachten und redeten viel miteinander. Als sie dann jedoch zu ihrem Lager zurückkehren wollten, war der Himmel bedrohlich finster. Eine Stunde später zuckten Blitze drohend am Himmel, Donnerschläge krachten, und über ihrem Zeltplatz schüttete es wie aus Kübeln.

„Jason", flüsterte Kathy. „Ich glaube, wir müssen irgendwo Schutz suchen."

Ihr Mann drehte sich auf seinem Feldbett um. „Liebling, das Zelt ist wasserdicht. Es ist alles in Ordnung."

„Man soll sich bei Gewitter nicht in der Nähe von Bäumen aufhalten."

„Kathy, hier in den Bergen gibt es im Sommer fast jede Nacht Gewitter. Wieso versuchst du nicht einfach zu schlafen?"

Sie verdrehte resigniert die Augen. In diesem Augenblick steckte die fünfjährige Megan ihren Kopf aus dem Schlafsack.

„Mama, wenn du Angst hast, warum betest du dann nicht?"

Kathy streckte den Arm aus und streichelte Megan über das blonde Haar. „Ja, mein Schatz, das ist wirklich eine gute Idee." In Wirklichkeit war sie der Meinung, dass diese Situation nur eine kleine Unannehmlichkeit war, mit der man Gott lieber nicht belästigte.

Als sie am nächsten Morgen aufwachten, regnete es zwar nicht mehr, aber der Himmel war grau verhangen und fast so düster wie Kathys Laune. Sie fingen an, auf dem nassen Campingtisch das Frühstück zuzubereiten. Nach dem Frühstück machten sich die Hesters auf den Weg zu dem nahe gelegenen Fluss. Während sie angelten, begann es erneut zu gewittern, und es regnete noch stärker als zuvor.

Auf dem Weg zurück informierte sie ein Förster über die Wetteraussichten: „Es wird noch den ganzen Tag regnen."

„Echt ein schöner Urlaub", murmelte Kathy.

Es regnete drei weitere Stunden, in denen sie im Zelt blieben, Karten spielten und versuchten, sich irgendwie warm zu halten. Schließlich streckte Jason seine Hand zum Zelt hinaus. „Der Regen hat ein bisschen nachgelassen. Wir könnten doch jetzt versuchen, ein kleines Feuerchen zu machen, damit wir wieder trocken werden."

Kathy und Jason mühten sich ab, das nasse Holz mit Zeitungspapier anzuzünden. Aber nach einer Stunde hatte das Paar nicht mehr dabei herausbekommen als unheimlich viel Qualm und noch mehr Frust. Sie spannten sogar einen Regenschirm auf und hielten ihn über das Holz. Schon bald war eine weitere Stunde mit vergeblichen Versuchen vergangen.

Während dieser Zeit waren Megan und auch der siebenjährige Luke aus dem Zelt geschlüpft und sahen ihnen zu.

„Wenn wir das Feuer nicht anbekommen, können wir das Abendessen vergessen", sagte Kathy.

Luke und Megan sahen einander an, und dann machte Luke seiner Schwester ein Zeichen, dass sie ihm folgen solle.

„Wohin wollt ihr denn?", fragte ihre Mutter.

„Wir haben was zu erledigen", antwortete Luke. „Wir sind gleich wieder da."

Kathy nickte. „In Ordnung, aber lauft nicht zu weit weg."

„Machen wir nicht." Megan lächelte. Fünf Minuten später kamen sie zurück und setzten sich in die Nähe des Feuerplatzes. Sie grinsten sich an und schauten nach oben.

Ungefähr zu diesem Zeitpunkt hörte es auf zu regnen. Kurz darauf knisterte ein Feuerchen, und die Hesters scharten sich darum herum, um sich zu wärmen. Plötzlich erinnerte sich Kathy an das kurze Verschwinden der Kinder.

„Megan, warum seid Luke und du eigentlich vorhin in den Wald gegangen?"

Das Mädchen lächelte sie strahlend an. „Na ja, wir wollten schließlich nicht verhungern. Also hat Luke vorgeschlagen, dafür zu beten, dass der Regen aufhört."

Kathy wurde es ganz flau im Magen. Wieder war es passiert. Zwei Erwachsene, beide fest im Glauben an Gott und an die Macht des Gebets, hatten alles getan, außer zu beten – der einen Sache, die ihre Kinder dann getan hatten.

„Er hat uns gehört, Mama", sagte Megan mit großer Bestimmtheit. „Du und Papa, ihr sagt immer, dass man, wenn man ein Problem hat, es zu Gott bringen soll. Stimmt doch, oder?"

Jasons Frau dachte daran, wie bedrückt sie gewesen war und dass sie geglaubt hatte, ihre Probleme wären für Gott unwesentlich. „Das stimmt, Megan. Danke, dass du mich daran erinnert hast."

Obwohl der Himmel grau war, regnete es erst abends gegen neun wieder. Danach regnete es erneut die ganze Nacht hindurch und hörte am nächsten Morgen gerade so lange auf, dass die Familie zusammenpacken und sich auf den Heimweg machen konnte. Beim Verlassen des Campingplatzes sprachen sie den Förster auf das Wetter an.

„Das hat ja gestern den ganzen Tag nicht aufgehört zu regnen", sagte der Mann.

Kathy warf Jason von der Seite einen Blick zu. „Wir hatten aber am frühen Abend fünf Stunden ohne Regen."

Der Förster kratzte sich am Kopf. „Das ist ja das Verrückteste, was ich jemals gehört habe. Ich war doch nur ein paar Hundert Meter von Ihnen weg, und bei mir hat es den ganzen Tag pausenlos geregnet."

Als sie losfuhren, erzählte Kathy ihrem Mann von Megans und Lukes Gebet, dass der

Regen aufhören möge. Jason lachte. „Siehst du ... für Gott ist nichts zu klein."

„Wahrscheinlich hast du recht", lachte Kathy. Gott interessierte sich tatsächlich für all die kleinen Einzelheiten ihres Alltags.

Blues

Wenn du nicht froh kannst denken,
Obwohl nichts Hartes dich bedrückt,
Sollst du ein Blümchen verschenken
Aufs Geratewohl von dir gepflückt.

Irgendein staubiger, gelber, –
Sei's Hahnenfuß – vom Wegesrand.
Und schenke das Blümchen dir selber
Aus linker Hand an die rechte Hand.

Und mache dir eine Verbeugung
Im Spiegel und sage: „Du,
Ich bin der Überzeugung,
Dir setzt man einzig schrecklich zu.
Wie wär's, wenn du jetzt mal sachlich
Fleißig einfach arbeiten tätst?
Später prahle nicht und jetzt lach nicht,
Dass du nicht in Übermut gerätst."

AXEL KÜHNER

Auf Händen getragen

Ein Mann ist mit einer neuen Aufgabe betraut, die ihn übermäßig belastet. Bald kommen ihm Zweifel, ob er der Herausforderung gewachsen ist. Wie eine schwere Last drückt seine Arbeit. Resignation keimt auf. Eines Tages kommt er von der Arbeit nach Haus. Er hat für seine Frau ein hübsches Geschenk mitgebracht und trifft im Flur auf seine kleine Tochter, die an Kinderlähmung erkrankt im Rollstuhl sitzt. „Wo ist Mutter?" – „Mutter ist oben", sagt die Kleine. „Ich habe ein Geschenk für sie", sagt der Vater. – „Lass mich das Päckchen zu Mutter tragen!" – „Aber Liebes, wie willst du das Geschenk tragen, wo du nicht einmal dich selber tragen kannst?" – Lachend antwortet das Mädchen: „Du trägst mich, und ich trage das Päckchen!" Sanft nimmt der Vater sie auf den Arm. Er trägt sie zur Mutter, und das Kind trägt das Geschenk. Während er die Treppe hinaufgeht, wird es ihm plötzlich klar. So ist es auch mit seiner schwierigen Arbeit. Er trägt wohl an der Last, aber Gott trägt ihn damit auf seinen Händen.

Gott will uns in seiner Liebe tragen, damit wir das wirklich bewältigen, was uns aufgetragen ist.

Die Bohne

Es gab einen Grafen,
der wurde sehr, sehr alt,
weil er ein Lebensgenießer
par excellence war.
Er verließ niemals das Haus,
ohne eine Handvoll Bohnen einzustecken.

Er tat dies,
um die schönen Momente des Tages
bewusst wahrzunehmen und
sie besser zählen zu können.

Für jede positive Kleinigkeit,
die er tagsüber erlebte – zum Beispiel:
einen fröhlichen Plausch auf der Straße,
das Lachen einer Frau,
ein Glas guten Weines –,
für alles, was die Sinne erfreut,
ließ er eine Bohne
von der rechten
in die linke Jacketttasche wandern.

Abends saß er zu Hause und
zählte die Bohnen aus der linken Tasche.

Er zelebrierte diese Minuten.
So führte er sich vor Augen,
wie viel Schönes ihm an diesem Tag
widerfahren war,
und freute sich.

Sogar wenn er bloß eine Bohne zählte,
war der Tag gelungen –
es hatte sich zu leben gelohnt!

Traum-haftes Strandleben

Am Strand leben heißt, den Alltag hinter sich lassen. Dabei geschieht es mitunter, dass neue Möglichkeiten denkbar werden. Da gewinnt ein Traum, bisher noch verschwommen, klare Konturen, erhält Sehnsucht einen Namen, werden Eingebungen in den Sand geschrieben – erste Schritte, die weiterführen als bisherige Zweifel. Mut wächst beim Gehen entlang des großen Meeres, beim Malen im Sand wird Leben neu erfunden.

Ich werfe Steine ins Wasser. Wenn schon das Meer sich bewegt, weil ein kleiner Stein es anstößt, wie viel mehr kann dann auch bei mir in Bewegung geraten, wenn Gott etwas in mich hineinwirft – einen Gedanken, ein Bild, eine Begebenheit, einen Traum, eine Hoffnung …

Ich sammle Steine und gebe jedem einen Hoffnungsnamen. Ich werde sie zu Hause ans Fenster legen. Meilensteine mit Gott.

Hoffnung,
die Jesus Christus schenkt

Vivit – Er lebt!

Käthe Luther war eine kluge und umsichtige Frau. Sie hatte ein waches Auge für die Freuden, Sorgen und Anfechtungen ihres Mannes. Als Martin Luther gegen Ende seines Lebens viele Enttäuschungen zu verkraften hatte, bestellte Käthe einen Steinmetzmeister und gab ihm den Auftrag, an ihrem Haus ein neues Portal einzusetzen. Auf den Schlussstein im Torbogen ließ sie das Wort einmeißeln: Vivit! Jeder, der künftig durch das Tor ein- und ausging, sollte wissen: Jesus lebt! Keiner konnte nunmehr das Haus betreten, dem nicht in Erinnerung gerufen wurde: Jesus lebt! Keiner konnte das Haus verlassen, den nicht noch einmal diese Botschaft zum Abschied gegrüßt hat. Was immer in den Gesprächen mit Martin Luther verhandelt wurde, der Gruß der Pforte besiegelte jeden Besuch im Haus: Er lebt! Zuerst aber galten diese Worte dem Hausherrn selber in den Stunden seiner Anfechtung, seiner Zweifel und Sorgen. Jesus lebt. Der Auferstandene ist gerade in unserer Schwachheit stark. Wenn unsere Kräfte schwinden, seine Lebensmacht ist ungebrochen. Vivit – Er lebt. Das ist die Botschaft, die trägt.

Wir sollten dieses Wort immer wieder über unser Haus, unsere Familie, unsere Arbeit, unsere Sorgen und Mühen, Lasten und Leiden schreiben: Jesus lebt!

Alles auf eine Karte

Eishockey-Weltmeisterschaft. Finale. Eine Minute vor Schluss führen die Russen 2:1 gegen die Kanadier. Da setzt der kanadische Trainer alles auf eine Karte. Er nimmt seinen Torwart aus dem Spiel und schickt einen weiteren Stürmer aufs Eis. Noch einmal Hoffnung bei den kanadischen Fans. Und dann ertönt die Schlusssirene. Es steht 3:1. Für die Russen.

Spielkasino Wiesbaden. Mit zittrigen Händen legt er seinen letzten Hunderter auf die Theke und nimmt die entsprechende Anzahl Chips entgegen. Am Roulettetisch setzt er alles auf Rot. Doch die Kugel entscheidet sich für eine schwarze Zahl.

Immer wieder setzen wir alles auf eine Karte. Immer wieder konzentrieren wir unsere Hoffnung auf einen letzten, verzweifelten Versuch. Manchmal geht's gut, manchmal daneben. C'est la vie. So ist das Leben.

Ist es wirklich so? Ist es immer so und in jedem Fall? In einem Psalm sagt David: „Wohl dem, der seine Hoffnung setzt auf den Herrn!" (Psalm 40,5). Anders ausgedrückt: Herzlichen

Glückwunsch, wenn du deine Hoffnung auf Gott setzt, deine Hoffnung, dein Vertrauen und dein Leben. Du gehst kein Risiko ein, denn auf Gott ist Verlass. David kann eine Menge Erfahrungen vorweisen, in diesem Psalm fasst er sie so zusammen: „Der Herr sorgt für mich. Er ist mein Helfer und Erretter."

Wer glaubt, wer sein Leben Gott anvertraut, der hat's eben doch besser als ein Eishockey-Trainer, besser als ein Spieler, der nicht wissen kann, wie sein letzter, verzweifelter Versuch ausgeht.

In einem Punkt allerdings unterscheidet er sich nicht: Wagen muss er den Versuch schon.

Wir haben ein Ziel

Zwei Nebenflüsse treffen in einem mächtigen Strom zusammen. Von ihrer Quelle bis zur Einmündung haben sie einen langen Weg hinter sich. „Wie geht es dir, mein Freund", fragt der eine Fluss den anderen interessiert, „und wie war dein Weg?"

„Mein Weg war schwer und mühsam", sagt der andere. „Ich floss an brennenden Orten vorbei. Die Felder, die ich sonst bewässerte, waren verwüstet, und Kriegslärm erschreckte mich allenthalben. Der Müller hatte seine Wassermühle abgestellt. Die Kinder, die früher an meinem Ufer spielten, waren geflohen. Und die Menschen, die aus mir Wasser schöpften, waren tot. Mein Weg durch Trümmer und Tod war sehr traurig. Doch wie war dein Weg, mein Bruder?"

„Mein Weg war ganz anders. Ich floss voller Freude die Hügel hinab, saftige Wiesen und blühende Bäume und zwitschernde Vögel haben mich begleitet. Fröhliche Menschen tranken aus mir, und kleine Kinder planschten in mir. Überall an meinem Ufer waren bunte Feste, und Gelächter und Gesang entzückten mich allenthalben. Mein Lauf war wunderbar. Wie traurig, dass dein Weg so notvoll war!"

Da sagte der mächtige Strom mit liebevoller Stimme: „Fließt herein, wie euer Weg auch war, kommt herein mit Freude und Leid. Bei mir werdet ihr euren Weg zurücklassen, wir strömen nun dem großen Meer zu. Wir haben ein Ziel. Und wenn wir gemeinsam im Meer einmünden, im Meer der Zeit, im Meer der Liebe, werden wir zu Hause sein, egal wie unsere Wege auch waren. Wir haben ein Ziel!"

Für alle Fälle

Der erste Pastor, den ich kennen lernte, war Otto Krüger. Er hatte eine Vorliebe für englische Kleidungsstücke. „Wegen der vielen Taschen", wie er mir einmal erklärte. Ich weiß nicht, ob er mich damit infiziert hat, denn ich habe eine Vorliebe für Anoraks mit vielen Taschen – mit so vielen Taschen, dass mein Handy manchmal am Ende nicht mehr klingelt, wenn ich es dann endlich gefunden habe.

Meine Frau zieht mich deswegen schon manchmal auf. Aber im Grunde geht es ihr mit ihrem Anorak ja auch nicht viel besser. Hier eine Eingrifftasche mit Reißverschluss, dort eine Tasche mit Klettverschluss, aufgesetzte und eingelassene Taschen, außen und innen. Manchmal haben wir tagelang in der Wohnung nach einem Schlüssel gesucht. Wo er war? Erraten! Natürlich in einer kleinen Tasche ihres Anoraks.

Ich finde es herrlich, wenn man viel verstauen kann, was man unterwegs brauchen könnte. Auf Eventualitäten vorbereitet sein, finde ich gut.

Auf einer Konferenz unserer Freikirche in Kassel komme ich neben dem Leiter des „Pilgerheims Weltersbach" zu sitzen. Als Ekkehard Becker seine prall gefüllte Lederaktentasche auf seine Knie setzt, um etwas herauszuholen, gehen mir die Augen über. „Was hast du denn da alles drin?", frage ich ihn entgeistert. „Na ja, ich bin eben auf alles vorbereitet", erklärt er mir, ohne sich durch mein spöttisches Lachen aus der Ruhe bringen zu lassen. Als er merkt, wie neugierig ich in seine Tasche äuge, zählt er genüsslich auf und legt den Finger mal hierhin, mal dorthin. Manches zieht er auch ganz heraus. Tatsächlich: Es hat alles seinen Sinn. Aber ich komme aus dem Lachen und Staunen nicht heraus, was er alles dabeihat: etwas Draht für den Fall, dass sein Auto beschädigt wird, ein Taschenmesser, eine Taschenlampe, CDs für unterwegs und das Buch „Lieblingsgedichte der Deutschen", ein Namensschild für den Sitzungstisch, einen Locher, ein Lineal, einen Taschenrechner im Miniköfferchen, einen Minizollstock, um die Fläche für ein Plakat oder einen Aushang auszumessen, einen Phasenprüfer, wenn es in einer Wohnung einen elektrischen Defekt geben sollte, einen Stempel, Kopfbögen des Pilgerheims, falls unterwegs einmal ein offizielles Schreiben aufgesetzt werden muss, einen Werbeprospekt – und schließlich die letzten Weltersbacher Nachrichten zum Thema Jubiläum. Uff, welch ein stattliches Sortiment!

Finde ich in gewissem Sinn auch vorbildlich, so kurios es auf den ersten Blick wirkt. Aha, Ekkehard war jahrelang zum Missionseinsatz in Afrika! Jetzt wird mir einiges klar. Seit damals ist er nicht so leicht in Verlegenheit zu bringen, wenn er unterwegs ist. Er hat ja sein Büro plus Werkstatt immer dabei. Er ist vorbereitet.

Machen doch im Prinzip alle irgendwie. Vielleicht nicht so perfekt wie er. Aber wir bereiten uns ja auch auf alles Mögliche vor: auf eine Prüfung oder das Wochenende, auf einen Theaterbesuch oder die Renovierung, auf den Urlaub oder den Ruhestand.

Ist doch klar. Wer will schon gern in Verlegenheit kommen? Was würde aber geschehen, wenn wir auf alles Mögliche vorbereitet wären, aber ausgerechnet auf das Wichtigste nicht? Ob wir das Ziel unseres Lebens erreichen und in den Himmel statt in die Hölle kommen, ist die wichtigste Frage unseres Lebens. Denn dass wir sterben müssen, steht fest. Aber was dann?

Durch Jesus habe ich Frieden mit Gott gefunden. Er hat für mich einen Platz im Himmel vorbereitet. Das hat er versprochen, und ich glaube es ihm.

Ich bin vorbereitet, mögen das auch viele kurios finden.

Das ändert die Lage

Er lebt.
Der Stein ist abgewälzt vom Grab Jesu.
Nichts ist unabänderlich seitdem.
Keine Situation ausweglos.
Nicht der Tod und nicht das Leben.
Wo wir nicht weiterwissen, ist nicht Ende.
Von Gott kann alles erwarten,
wer ihm alles zutraut.
Wenn wir sagen: „Es ist genug“,
sagt er: „Es beginnt.“
Seine Morgensonne geht auf über
jeder Hoffnungslosigkeit.
Wo ich keine Kraft habe, sagt er:
„Ich brauche dich.“
Aus dem gebrechlichsten Halm weiß er
Brot zu machen für andere.
Der Stein ist abgewälzt vom Grab Jesu.
Er lebt. Jetzt.

Willem

Es war irgendwo in den Niederlanden. Während eines Vortrags in einer Gemeinde teilte ich das Podium mit einem Kanarienvogel in einem Käfig. Die Dame, die die Veranstaltung leitete, hatte den Vogel für einen Tag in ihre Obhut genommen, weil seine Besitzerin dabei war, umzuziehen. Wegen ihrer Katze, die sich ein wenig zu begeistert über den kleinen Tagesgast zeigte, hatte sie ihn mitgenommen in die Gemeinde. Dort stand er auf dem Abendmahlstisch neben meinem Pult und dem Mikrofon.

An jenem Morgen waren nur zwei Männer anwesend: Der Kanarienvogel Willem und der Organist. Der Organist bekam einen ordentlichen Applaus, Willem wurde nur eine kurze Vorstellung zuteil. Wir sollten ihm, so seine „Tagesmutter", keinerlei Aufmerksamkeit entgegenbringen und uns nicht von ihm ablenken lassen. Er habe alles, was er brauche, und sei glücklich und zufrieden.

Während ich darauf wartete, dass ich nach vorn gerufen wurde, konnte ich es nicht lassen,

Willem zu beobachten. Ob dieses Vögelchen wirklich glücklich und zufrieden war? Ich war mir dessen nicht so sicher. Es war wahr, Willem saß ganz ruhig auf seiner Stange, auch wenn ich sagen muss, dass das Orgelgedröhn ihm nicht so zusagte: Als der Organist zu spielen begann, kauerte sich Willem zusammen und steckte den Kopf zwischen die Flügel.

Von einer Sache war ich überzeugt: Willem gehörte nicht in diesen Käfig. Er hatte Flügel bekommen, um sie zu gebrauchen. Als Vogel war er dazu bestimmt, in der freien Natur zu leben, in einer Baumkrone zu singen, sich ein Nest zu bauen und frei umherzufliegen. Er gehörte nicht in einen kleinen Käfig mit zwei Sitzstangen und zwei Plastikschälchen für sein Vogelfutter aus der Tüte und sein Wasser aus dem Wasserhahn. Vielleicht hatte er einen Spiegel in seinem Käfig, der ihm die Illusion gab, nicht allein zu sein, vielleicht hat er dann und wann ein Liedchen gesungen, aber er war und blieb ein gefangener Vogel, dem die Flügel gestutzt waren.

Manchmal kann ein unerwartetes Ereignis zum Anlass für tiefgründige Gedanken werden. Damals auf der ersten Bank in jener Gemeinde wurde ich von Willems Schicksal ergriffen. Es berührte mich, dass jener kleine Kanarienvogel sich anscheinend damit abgefunden hatte, dass er gefangen war. Vielleicht hatte er einmal die Freiheit gekannt, aber das Pech gehabt, irgendwo in Frankreich oder Italien an einen Leimstab zu fliegen und danach von einem Händler auf dem Vogelmarkt verkauft zu werden. Vielleicht war er auch schon in Gefangenschaft geboren worden. Willem schien sich dessen nicht bewusst zu sein, dass das Leben in einem Käfig unnatürlich und beschränkt ist. Anscheinend wusste er es nicht besser und wollte es vielleicht auch nicht mehr anders. Sein Leben in Gefangenschaft war für ihn normal geworden. Es war übrigens kein Leben, höchstens noch ein Existieren. Fliegen konnte er nicht mehr.

Plötzlich sah ich eine Parallele. Wie viele Menschen gibt es doch, die genau wie Willem gefangen sind, denen das Leben die Flügel gestutzt hat und die hinter unsichtbaren Gitterstäben eingesperrt sind. Als einzigartige Geschöpfe Gottes hätten sie das Recht, mit erhobenem Haupt und kräftigen Flügelschlägen ihre Bahn zu ziehen. Aber sie werden durch ihre Lebensumstände gebremst, sie sind verletzt und gebrochen durch schmerzliche Ereignisse und Erfahrungen, sie sind niedergedrückt von Kummer und Schmerz oder dunklen Geheimnissen, Scham und Schuld, sie sind verstrickt in das Netz ihrer eigenen Unfähigkeit und haben nicht die Kraft, sich daraus zu befreien. Ihre Welt ist durch all dies so klein geworden, sie leben ein armseliges, beschränktes Leben. Im Laufe der Jahre haben sie sich an diesen Zustand gewöhnt. So ist es nun einmal, daran lässt sich nichts mehr ändern. Manchmal singen sie ein Lied. Vielleicht in Moll, aber doch ein Lied. Manchmal ist es ein Lied voller Sehnsucht und Melancholie. Ein Lied voller Heimweh nach dem, was war oder was hätte sein sollen. Voller Sehnsucht nach zu Hause.

Vor gut zweitausend Jahren ist er auf diese Erde gekommen: Jesus, der Sohn Gottes. Er war eine auffällige Erscheinung, ein starker Mensch, der über außergewöhnliche Autorität verfügte. Er sagte, dass er gekommen sei, um den Menschen Leben und Überfluss zu schenken. Überfluss an guten Dingen. Überfluss an Hoffnung, die uns Menschen wirklich singen lässt. Überfluss an Trost und Kraft, die uns aufrecht stehen lassen. Überfluss an Frieden, der uns über Unruhe und Rastlosigkeit erhebt. Überfluss an Liebe, die Flügel schenkt.

Er nannte sich Heiland, Retter, Befreier. Er kam, um uns Menschen von dem Joch unserer falschen Entscheidungen, unserer negativen Taten, unserer Scham und Schuld zu befreien. Er kam, um uns Flügel zu geben, und schenkte uns seinen Geist, der uns wie ein starker Wind helfen soll, aufzusteigen und zu fliegen. Nicht vogelfrei, nicht den willkürlichen Mächten und Kräften dieser Welt ausgeliefert, sondern getragen von Gottes ewigen Armen. Auf dem Weg zu unserer Bestimmung. Von der Gefangenschaft in die Freiheit, von einem menschenunwürdigen Dasein zu einem erfüllten Leben. Und all dies durch die Verbindung zu ihm.

Kommt her zu mir, sagte er. Kommt her zu mir, alle, die ihr mühselig und beladen seid! Ich werde euch Ruhe geben. Kommt her zu mir, alle, und ich werde euch zeigen, was wahre Freiheit ist, denn ich, der Sohn Gottes, mache Menschen wirklich frei.

Als er starb, nahm er die Gitterstäbe mit. Als er vom Tod auferstand, machte er die Tür zum Leben weit auf. Wer an ihn glaubt, darf seine Flügel ausbreiten und in die Freiheit fliegen.

Im Vertrauen geborgen

In China gibt es einen gefährlichen Strom. An einer bestimmten Stelle kamen die Schiffe immer wieder zum Kentern und verloren ihre wertvolle Ladung. Fachleute haben die Strömung erforscht und an einer genau berechneten Stelle im Strom einen Felsen aufgestellt. Darauf haben sie die Worte „Auf mich zu!" geschrieben. Zunächst sieht es so aus, als ob der Fels nur im Wege steht. Aber jeder Bootsfahrer, der sein Schiff auf den Felsen zulenkt, kommt heil durch die Strömung und Untiefen hindurch.

So steht Jesus im Gewoge unserer Welt zwischen sozialen Nöten und gesellschaftlichen Problemen, Umweltsorgen und Lebensfragen. Jesus steht als der Fels Gottes mitten in Strömungen und Untiefen des Lebens, mitten in den Strudeln des Bösen und in der Gefahr des Scheiterns. Jesus steht mittendrin, und viele meinen, er passe da nicht hin mit seiner Liebe und seiner Barmherzigkeit. Aber wer sein Lebensschiff auf Jesus zusteuert, der kommt heil hindurch. Wenn uns die Strömungen der Zeit und die Gefälle des Bösen abtreiben wollen, halten wir unser Leben einfach auf Jesus zu. Er bringt uns durch und gut ans Ziel.

Ermutigungen für herausfordernde Zeiten

Gute Zeiten – schlechte Zeiten

Ich telefonierte mit meiner neunjährigen Nichte. Der übliche Gesprächsinhalt: Wie geht's? Was macht die Schule? Freust du dich auf deinen Geburtstag?

Die Lage war glänzend, gesundheitlich, schulisch und überhaupt. Beste Aussichten auf einen schönen Geburtstag. Nach dieser Beschreibung der Lage machte meine Nichte eine Pause und fuhr dann fort: „Also weißt du, es gibt gute Zeiten im Leben, und es gibt schlechte Zeiten im Leben. Ich habe jetzt gute Zeiten." Eine philosophisch aufgeweckte kleine Nichte hast du da, sagte ich mir und erkundigte mich nach den schlechten Zeiten im Leben. Die Antwort fiel prosaisch aus: „Wenn du ein Bein brichst, hast du schlechte Zeiten."

Gute Zeiten – schlechte Zeiten. Alles hat seine Zeit. Beides gehört zu unserem Leben dazu. Das ist nüchterne Bestandsaufnahme.

Wie das Leben, so ist auch die Zeit eine Gabe Gottes. Meine Zeit, die mir geschenkte Zeit, kennt verschiedene Zeiten. Wenn wir glücklich sind, erleben wir Zeit anders als in Stunden des Schmerzes, auch wenn der Zeiger der Uhr die gleiche Spanne zurückgelegt hat.

Unsere Zeit ist immer gefüllte Zeit. Zeit, die wir erfahren und erleben, die wir selbst gestalten durch unser Reden und Tun. Es gehört zum Geheimnis der Zeit, dass sie uns von Gott in so verschiedener Art geschenkt wird. Zeiten der Freude und Zeiten des Schmerzes finden sich darin, und manchmal liegen sie sehr nahe beieinander.

Ich erlebe das in Familien, die innerhalb von kurzer Zeit die Geburt eines Kindes und den Tod eines geliebten Menschen erleben. Freude und Trauer liegen nahe beieinander. Beides gehört zusammen. Beides macht die Unverwechselbarkeit menschlichen Lebens aus.

Wie aber richte ich mich ein in diesen Zeiten?

Wie lebt es sich in der Spannung zwischen Plus und Minus? Es ist eine Lebenskunst, sich darin einzuüben. Die Hoch-Zeiten – kein Problem! Aber der Alltag? Die Zeiten, von denen es einmal in der Bibel heißt: „Sie gefallen mir nicht."

Es ist eine wichtige Lektion, *Ja* sagen zu lernen zu den Umständen und Fügungen des Lebens. Es bedeutet letztlich *Ja* sagen zu dem, was Gott einem Menschen zuteilt an Erfolg und Misserfolg, an Gelingen und Scheitern.

Der Weg dahin ist oft lang und unbequem. Ein *Ja* zum eigenen Leben, zu seiner Herkunft, seinen Schwächen und Begrenzungen zu finden, ist nicht leicht. Ein *Ja* zu finden zu einer unheilbaren Krankheit, ein *Ja* zu einer zerbrochenen Beziehung muss erkämpft werden.

Wer schwere Zeiten erlebt hat, weiß, dass dieses *Ja* eigentlich nur erbeten werden kann.

Vielleicht mit Worten aus einem Psalm: *„Ob ich von schweren Gedanken bedrängt werde, meine Schwächen schmerzlich erleide, mir in dunklen Stunden selbst fremd bin, mich in Konflikten des Alltags verletze, mir Kritiker hart meine Grenzen zeigen, mich das Leid meiner Mitmenschen entsetzt und ich im Leben mein Sterben spüre, weiß ich mich dennoch von deiner Hand gehalten.*

Ich bin unendlich geborgen, denn du bist immer bei mir. Deine Nähe umgibt mich Tag und Nacht. Du holst mich von falschen Wegen zurück. Du meinst es gut mit mir. Ich bin unendlich geborgen, denn du bist immer bei mir."

Glauben heißt, sich tragen lassen

Es ist Urlaubszeit. Auf dem Balkon ihrer Ferienpension sitzt eine Frau und schaut in den blauen Himmel hinein. Weiße Wolken, von einem warmen Wind getrieben, ziehen vorüber. Ringsum andächtige Stille.

Und – als gehörten sie in diese friedliche Landschaft – erscheinen am Himmel zwei lautlose Segelflieger. Ihre langen Tragflächen liegen auf dem Wind und spielen förmlich mit seiner Kraft. Sie werden wie von unsichtbarer Hand emporgehoben, lassen sich spielerisch fallen, ziehen geschmeidig ihre Kreise und entschwinden wie weiße Tauben am fernen Horizont.

Sehnsüchtig und träumend schaut die Frau den lautlosen Gästen nach und erinnert sich an die unaussprechlich schönen Worte des Dichters:

„Und meine Seele spannte weit ihre Flügel aus.

Zog durch die stillen Lande, als flöge sie nach Haus ..."

Aber dann sind ungefragt und unwillkommen die Sorgen wieder da, denen sie entfliehen wollte. Der Schmerz um den plötzlichen Tod ihres Mannes, wodurch ihr Lebensglück zerbrach. Die bohrenden Zweifel und das unbeantwortete Aufbegehren: „Herr, warum? Warum gerade ich? Sehen Lohn und Dank für Nachfolge so aus?" Ihr Glaubensmut liegt zerschlagen und zertreten am Boden.

Plötzlich ist es ihr, als sei der Gute Hirte Jesus Christus selbst zu ihr getreten und habe seine Hand leise auf ihre müden Schultern gelegt. Und sie hört seine sanfte Stimme:

„Mein Kind! Du liegst am Boden wie ein Vogel mit zerbrochenen Flügeln. Aber – hast du nicht eben die Segelflieger beobachtet? Verstehst du nicht ihre Botschaft? Du kannst nicht fliegen. Aber steig ein in den Himmelsvogel und lass dich tragen. Fasse Vertrauen! Sogar widrige Winde müssen dazu dienen, dich emporzuheben.

‚Der Wolken, Luft und Winden gibt Wege, Lauf und Bahn' trägt nicht nur Segelflieger. Er trägt auch dich.

Darum glaube! Lass dich tragen! Denn: Glauben heißt, sich tragen lassen."

Wie ein nasser Sack

Herr, wie ein nasser schwerer Sack
plumpse ich in deine Arme.
Meine ganzen Lasten,
die wie Gewichte an meinen Füßen hängen,
bringe ich mit.

Meine Ängste, Sorgen und Enttäuschungen
kleben auch an mir.
Meine Fragen nach der Zukunft
und vielem mehr
halte ich fest unter den Armen.
Meine Träume und Sehnsüchte
belagern meine Hände.

Mit diesem ganzen Ballast
ist es mir fast unmöglich zu laufen –
so torkele ich auf dich zu.
Der Leidensdruck wurde zu groß,
so trete ich diesen schweren Weg an.
Dir bin ich nicht zu schwer,
zu belastend oder zu schwierig.
Deine Arme sind nicht zu kurz
oder zu schwach,
mich aufzufangen.

Deine Liebe zweifelt nicht an mir
und wirft mich nicht weg.
Deine Augen verachten mich nicht,
sondern ruhen auf mir.
Dein Herz ist nicht verhärtet gegen mich,
sondern es brennt für mich – aus Liebe,
so komme ich zu dir – wie ich bin.
Danke!

Angst

Manchmal stehen wir mit dem mulmigen Gefühl auf: Was könnte heute alles danebengehen? Den Verkehrsunfall der gestrigen Nachrichten noch im Kopf, fragen wir: Könnte so etwas nicht heute mich treffen? Ein Gespräch, das mit dem Vorgesetzten ansteht: ob er wieder kritisieren wird? Manche malen sich in den dunkelsten Farben aus, dass sie nie und nimmer die Zwischenprüfung schaffen werden. Es gibt zu viele Informationen darüber, was alles an Schrecklichem passieren könnte. Und hat man nicht selbst immer wieder erfahren, was für Schicksalsschläge unvorhergesehen tatsächlich eintreten können? Zu viele Versicherungen listen mit großer Überzeugungskraft auf, wovor man sich und seine Lieben alles schützen muss: Feuer und Scheidung, Hagel und Diebstahl, Invalidität und Krankheit und Tod. Aber selbst sie entfernen nicht mit einem Handstreich Gefühle der Unsicherheit und Angst.

Vorsicht ist menschlich. Belastend aber wird sie dann, wenn unsere Ängste überhandnehmen. Dann traut man sich ja gar nicht mehr aus dem Haus. Dann sieht man ja hinter jedem Büroschreibtisch einen Feind sitzen. Dann zittert man schon, wenn man den Füller zum Prüfungsbogen in die Hand nimmt. Unbegründete Ängste lähmen das Leben, machen unfroh und starr.

Bei den lebenserfahrenen Niederländern habe ich dazu ein kurzes Sinngedicht gefunden, das ich übersetzt habe: „‚Ermutigung‘ / Am meisten leid't ein Mensch darunter, / dass er sich denkt: Die Welt geht unter. / So trifft es aber niemals ein. / Doch dieser Mensch trägt dann allein / viel mehr, als Gott ihm auferlegt. / Das Leid, das wirklich man muss tragen, / wiegt nie so schwer wie Seelenplagen. / Doch wenn es wirklich kommt ins Haus, / hilft Gott aus dieser Not heraus / und schenkt inmitten der Gefahr / die Kraft zu widerstehen gar.“

Vielleicht teilen Sie mit mir diese Erfahrung: Wenn ein Unglück in meinem Leben geschah, ein Unfall, unvorhersehbares Leid, dann erhielt ich in der Tat oft genug genau in dem Moment die Kraft, die ich zur Bewältigung brauchte, mir aber vorher niemals so zugetraut hatte. Es ist die Hilfe, die sich von oben über unserem Leben ausbreitet. Auf weniges kann man sich so verlassen wie auf diesen Segen: „Denn Gott verlässt die Seinen nicht" (Ps 9,11). Vielleicht ist das auch für Sie Ermutigung genug, den heutigen Tag mit einer großen inneren Gelassenheit anzugehen. Normalerweise wird er am Abend gut zu Ende gehen. Und wenn dennoch im Laufe des Tages etwas schiefgehen sollte, seien Sie gewiss: Auch diese schwereren Stunden stehen nicht unbegleitet von Gottes Fürsorge und Licht. Er wird Ihnen zur Bewältigung manch schwieriger Herausforderungen dann schon die Kraft und Ideen zukommen lassen, die Sie zum Weiterleben brauchen. Und vielleicht werden Sie sogar überrascht sein, wie viel Kreativität in der Not dabei in Ihnen freigesetzt wird.

Was hilft in Notzeiten?

In dir bleiben trägt durch,
in dir bleiben schenkt Ruh,
in dir bleiben macht Mut,
in dir bleiben bringt unserem
aufgewühlten Herzen Frieden,
in dir bleiben gibt neuen Ausblick,
in dir bleiben heilt innere Zerrissenheit,
in dir bleiben lässt neue Kräfte wachsen,
in dir bleiben macht uns deine Größe
neu bewusst,
in dir bleiben hilft,
die Gedanken neu zu ordnen,
in dir bleiben kann uns neue Schwerpunkte
im Leben zeigen.

„Wer in mir bleibt und ich in ihm, der bringt
viel Frucht; denn ohne mich könnt ihr nichts
tun" (Johannes 15,5).

AXEL KÜHNER

Gott ist noch da

Ein kleiner Junge darf zum ersten Mal mit
seinem Vater in der Eisenbahn mitfahren.
Voller Neugier und froher Erwartung stehen
sie auf dem Bahnsteig.

Endlich fährt der Zug ein. Vater und Sohn
suchen sich einen Platz. Der Junge schaut aus
dem Fenster und plaudert mit den Mitreisenden über alles, was er draußen sieht. Ganz
vergnügt genießt er die Reise und plappert
munter drauflos.

Plötzlich fährt der Zug in einen Tunnel. Es
wird finster. Der Junge verstummt. Er sagt
kein Wort mehr. Es wird immer dunkler. Da
schiebt der Junge seine Hand zum Vater hin
und fragt: „Papa, bist du noch da?" Der Vater
nimmt die Hand des Jungen und sagt: „Ja, ich
bin noch da!" Bald kommt der Zug aus dem
Tunnel heraus. Es wird hell. Der Junge beginnt wieder zu plappern.

Das Leben ist wie eine Reise. Freude erfüllt uns. Neugier wacht auf: Wir genießen
die Tage, und das Glück lacht uns entgegen.
Miteinander und munter sind wir unterwegs.
Es geht voran, wir sind froh, es gibt viel zu

erleben. Plötzlich ist da der Tunnel der Angst. Dunkle Sorgen legen sich schwer auf uns. Krankheit macht uns einsam und hilflos. Wir werden still, wo man uns verwundet und gekränkt hat. Der Glanz des Lebens verliert sich im Alltagstrott, die Sonne geht unter in den Mühen und Kämpfen. Ganz allein stehen wir vor großen Schwierigkeiten. Wie eine schwere Last drückt uns die Schuld nieder. Die Schatten des Todes fallen auf uns.

Es ist gut, wenn wir dann Gott unsere Hand entgegenstrecken und uns vergewissern: „Vater, bist du noch da?" Gott ist noch da. Er wacht über uns, ist bei uns. Gott ist hellwach und ganz Ohr für seine Menschenkinder.

RUDOLF OTTO WIEMER

Die Chance der Bärenraupe, über die Straße zu kommen

Keine Chance. Sechs Meter Asphalt.
Zwanzig Autos in einer Minute.
Fünf Laster. Ein Schlepper.
Ein Pferdefuhrwerk.

Die Bärenraupe weiß nichts von Autos.
Sie weiß nicht, wie breit der Asphalt ist.
Weiß nichts von Fußgängern,
Radfahrern, Mopeds.

Die Bärenraupe weiß nur, dass jenseits
Grün wächst. Herrliches Grün,
vermutlich fressbar.
Sie hat Lust auf Grün. Man müsste hinüber.

Keine Chance. Sechs Meter Asphalt.
Sie geht los. Geht los auf Stummelfüßen.
Zwanzig Autos in einer Minute.

Geht los ohne Hast. Ohne Furcht.
Ohne Taktik.
Fünf Laster. Ein Schlepper.
Ein Pferdefuhrwerk.
Geht los und geht und geht und geht und
kommt an.

Was Gott uns verspricht

Vertraue mir!

Mein geliebtes Kind, ich bin mit dir. Ich werde meine Verheißungen dir gegenüber einhalten. Fürchte dich nicht wegen des Tests, den du gerade durchstehst, ich werde mein Versprechen halten. Ich kann nicht lügen. Du bist stärker, als du glaubst. Steh auf und sei stark! Ich bin mit dir, und ich bleibe bei dir.

Ich rufe dich, stark zu sein durch die Kraft meines Geistes, der in dir wohnt. Du hast die Macht, zu überwinden, aufzustehen und mir zu vertrauen. Du hast die Macht, in allen Situationen zu überwinden, denn ich lebe in dir.

Du bist mein Schatz, und ich habe große Freude an dir. Höre auf mein Herz. Glaube meinem Wort. Sprich Worte der Wahrheit und des Lebens aus und das, was wahr und richtig ist. Fülle dein Denken und deinen Mund mit der wunderbaren Wahrheit und mit der Macht meines Wortes.

Komm zu mir mit dankbarem Herzen, und komm in meine Gegenwart mit Lobpreis. Freue dich allezeit! Ich lache über deine Feinde. Lach doch mit mir! Stell dich auf meine Verheißungen und vertraue mir. Ich sage nochmals: Vertraue mir!

Nichts ist zu schwierig für mich. Ich brauche nur dein bedingungsloses Vertrauen. Wenn du es mir schenkst, werde ich alle Dinge zum Besten zusammenwirken lassen. Nochmals sage ich: Vertraue mir!

Trösten wie eine Mutter

Meine Mutter hatte eine besondere Gabe: Sie konnte trösten. Und wenn ich an sie denke, denke ich daran, wie sie uns tröstete. In ihrem kleinen Laden verkaufte sie, was gerade gebraucht wurde. Zu Ostern Schultüten und Osterhasen, zu Weihnachten Puppenwagen und Aufziehautos, auch Tannenbaumkugeln, Lametta und Schlittschuhe. Das ganze Jahr über Zigaretten und Zeitungen, Schulhefte, Ansichtskarten und Sonnenbrillen. Manchmal auch eine Handtasche. Dann freute sie sich und erzählte es uns.

Und wenn die Frauen kamen, um neue Groschenromane zu holen und anschreiben zu lassen, dann tat sie dies, obwohl der vorige auch noch nicht bezahlt war.

„Wie geht es Ihnen?", fragte sie. Sie fragte, weil es ihr selbst nicht immer gut ging. Und sie hörte zu, auch wenn es lange Geschichten waren. So viele Kunden hatte sie ja nicht.

Und wenn wir Kinder von draußen hereinkamen, weil wir uns beim Rollerfahren die Knie aufgeschlagen hatten, dann nahm sie uns in den Arm und hielt uns, bis wir aufhörten zu weinen. Sie holte ein Pflaster und sagte: „Morgen ist es wieder gut! Morgen wollen wir Brombeeren und Pilze sammeln, wenn Großvater so lange im Laden bedient."

Und später, wenn wir aus der Schule kamen, enttäuscht über schlechte Zensuren, über Lehrer und Mitschüler oder eigentlich über uns selbst, dann holte sie tief Luft, nachdem sie unsere Klagen gehört hatte, und meinte: „Ja, das ist alles gar nicht so einfach. Ich könnte das nicht. Aber du schaffst es bestimmt. Jetzt isst du erst mal etwas, und dann kommst du runter in den Laden und hilfst mir ein bisschen."

Sie wusste, wer traurig ist, den darf man nicht allein lassen. Sie war mit uns traurig und freute sich mit uns.

Und für mich ist noch heute ein Sommer, in dem ich nicht irgendwo Brombeeren pflücke, kaum denkbar.

Unsere Kinder finden, dass Brombeeren zu viele und zu scharfe Dornen haben. Sie wissen nicht, woran ich dabei denke und wie sehr ich mir wünschte, dass ich so trösten könnte. Ich suche sofort nach Erklärungen, Vorschlägen und Ratschlägen. Sie nahm uns ruhig in den Arm und ließ uns Zeit für den Schmerz. Und ihre Geste sagte: Du bist mein liebes Kind, bleib jetzt bei mir, bis es wieder gut ist. Und: Hab keine Angst, du schaffst es.

Ich denke, das ist es, was Gott uns anbietet: Zuflucht und Trost bei ihm zu finden, der uns anhört und zuhört, solange wir reden, der uns nicht wegschickt. Bis in seiner Nähe der Schmerz erträglich wird, weil wir nicht allein sind. Weil Gott sieht und Gott weiß.

Zusage Gottes

Gott spricht: Fürchte dich nicht, denn ich habe dich erlöst. Ich habe dich bei deinem Namen gerufen; du bist mein."

„*Fürchte dich nicht!*" – eine Zusage für den heutigen Tag, für die neue Woche, für ein ganzes Leben. Aufgeschrieben vor 2500 Jahren von einem, der Hoffnung vermitteln wollte. Die Menschen um ihn herum hatten alles verloren: ihre Angehörigen, ihre Heimat, ihre Lebensgrundlage. Alles, was dem Leben Halt und Orientierung gibt. Sie sitzen im Exil, in der Gefangenschaft in Babylonien. Hoffnung und Zuversicht waren fremde Worte für sie geworden. In dieser Lage meldet sich der Prophet zu Wort: Es ist nicht alles aus. Es geht weiter. Ihr könnt wieder Boden unter die Füße bekommen, neue Perspektiven gewinnen. „*Fürchte dich nicht!*" Warum das? Angst, Furcht, Sorgen und Trauer gehören doch zu unserem Leben dazu. Hätten wir keine Angst, wären wir blind für tausend Gefahren. Trotzdem der Rat des Propheten: „*Fürchte dich nicht!*"

Er geht nicht mit Appellen und Durchhalteparolen gegen die ängstlichen und traurigen

Menschen an. Er weiß, dass Appelle nichts bewirken und Durchhalteparolen keine lange Lebensdauer haben. Der andere macht die Jalousien runter und blockt ab, mauert.

Der Prophet redet freundlich, tröstet, richtet auf, weist hin auf neue Lebensziele.

Zurechtbringen, ermutigen, trösten, aufrichten ist ein Weg. Manchmal ein mühsamer. Einer, der nicht von jetzt auf gleich zum Ziel führt. Zeit ist nötig. Geduld für einen langen Weg.

Immer wieder brauchen wir diesen *Perspektivenwechsel* – weg von den eigenen Begrenzungen hin zu Jesus Christus. Weg vom Kreisen um die Sorgen und Probleme. Von den Mauern, die eingrenzen. Hinsehen zu Christus. Er hält unser Leben in seinen Händen. Aber nun geht der Vers weiter: „Fürchte dich nicht, denn ich habe dich erlöst. Ich habe dich bei deinem Namen gerufen. Du bist mein", spricht Gott. Diese Zusage Gottes gilt!

Gott kennt uns mit Namen. Jedem gilt das Versprechen Gottes: Ich will bei dir sein. Der Prophet, der diesen Vers aufgeschrieben hat, will zum neuen festen Vertrauen Gott gegenüber einladen. Darum erinnert er an die Zusagen Gottes. „Ich habe dich bei deinem Namen gerufen." Wir sind nicht nur ein Staubkorn im

Getriebe. Nicht ein „no name", ein Namenloser. Vielmehr sind wir von Gott angesprochen und geliebt und damit wertvoll.

In allen Höhen und Tiefen, durch die wir gehen, dürfen wir die Nähe Gottes erfahren. Gott ist da. „Fürchte dich nicht, denn ich habe dich erlöst. Ich habe dich bei deinem Namen gerufen; du bist mein."

Dieses Wort ermutigt. Es lädt ein zu hoffnungsvollen Schritten in der Gegenwart. Damit kann man getrost in eine neue Woche gehen.

Weit-Blick

Herr, du weitest meinen Blick,
wenn ich dich nur lasse,
dann hebst du mich
auf einen Felsen,
von dem aus ich
weit schauen kann.

Du gibst mir deine Perspektive
und zeigst mir neue,
unbekannte Ufer
und einen weiten,
klaren Horizont.
Wasser, blau und frisch,
erstreckt sich vor mir,
so weit mein Auge sieht.

Und ich beginne erst zu ahnen,
wie das Leben mit dir sein kann:
eine aufregende,
abenteuerliche Reise
zu neuen, unbekannten Ufern,
immer weiter und weiter
mit dir.

Herr, ich nehme
die Herausforderung an,
mich mit dir zusammen
auf neues Land einzulassen,
neue Ufer zu erreichen
und neue Welten zu erkunden,
Segen zu empfangen
und Segen weiterzugeben
an dem Ort,
an den du mich führst.

Wie ein Gespräch am Telefon

Wir waren ganz oben gewesen, nun waren wir ganz unten. Ganz oben: Das war eine herrliche Bergtour in den Schweizer Alpen. Ganz unten: Das war das Tal, und es waren zwei Wörter: „Meine Tasche!" Einer von uns hatte seine Tasche im Berggasthof liegen lassen. Mit Ausweis, Schecks und Bargeld. Und er erinnerte sich an den etwas finster dreinblickenden Kellner. Na, damit war der Urlaub wohl gelaufen. Plötzlich meldete sich unser Sohn, damals so sechs oder sieben Jahre alt: „Wir kriegen die Tasche wieder – ich hab gerade dafür gebetet."

Wir haben sie tatsächlich wiederbekommen. Am nächsten Morgen. Die Riesen-Erleichterung können Sie sich vorstellen. Nur unser Sohn blieb gelassen. Er hatte nichts anderes erwartet. Glücklicher Kinderglaube?

Szenenwechsel: Besuch bei einer älteren, kranken Frau. Wie kommt sie zurecht? „Ach, wissen Sie, ich mach's wie immer", sagt sie, „ich bet mich durch." Dabei lächelt sie.

Sie hätte eigentlich Grund zum Klagen, zum Zweifeln, zum Verzweifeln. Aber sie klagt nicht, zweifelt wohl auch nicht, und von Verzweiflung ist erst recht nichts zu spüren. Sie lächelt. „Ich bet mich durch." Glücklicher Glaube einer alten Frau?

Und noch einmal Szenenwechsel: Die Nikolai-Kirche in Leipzig. Hunderte junge Leute beten für Veränderungen in ihrem Land. Manche sagen heute: „Das war die Keimzelle unserer sanften, gewaltfreien Revolution,"

In den Dreißigerjahren hat Reinhold Schneider gedichtet: „Allein den Betern kann es noch gelingen, das Schwert ob unseren Häuptern aufzuhalten."

In diesen Tagen haben Menschen das ganz neu entdeckt: Beten verändert mich – und es verändert die Verhältnisse.

Beten – eine eigenartige Zwiesprache. Beinahe so etwas wie ein Gespräch am Telefon. Ich rede mit einem, ich höre auf einen, den ich nicht sehe. Und doch – eine Parallele zwischen Beten und Telefonieren habe ich neulich entdeckt: Nur der kann das Gespräch beenden, der angerufen hat! Bin ich angerufen worden, kann ich auflegen, so oft ich will. Die Verbindung steht, solange der andere nicht auflegt. Hebe ich ab, ist er dran. Aufs Beten übertragen: den Kontakt aufgenommen hat Gott. Er ist unter uns erschienen. Hat Jesus geschickt.

Und dieser Jesus hat einmal gesagt: „Ich stehe vor der Tür und klopfe an" (Offenbarung 3,20). Darf ich's frei übersetzen: „Ich stehe in der Telefonzelle und rufe an"? Gott hat angerufen, er hat auch noch nicht aufgelegt. Davon einfach mal ausgehen – das heißt glauben.

Doch genug vom Telefonieren. Gott ist ja nicht am Telefon, er ist viel näher. Einen Atemzug entfernt, ein Wort entfernt, einen Gedanken entfernt. „Er ist nahe allen, die ihn anrufen", heißt es im Psalm 145. Anrufen ohne Telefon.

NOOR VAN HAAFTEN

Jahreszeiten des Lebens

In dem kleinen Garten hinter meinem Haus stehen zwei prächtige alte Bäume. Leider haben meine Nachbarskatzen sich den violetten Flieder zu ihrer Lieblings-Nagelfeile auserkoren. Ich habe getan, was ich konnte, um den Baum vor dem täglichen wüsten Kratzritual zu schützen, aber leider ist die Rinde ernsthaft beschädigt. Der andere ist ein Apfelbaum mit einem knorrigen Stamm und knorrigen Ästen. Er erinnert mich manchmal an eine alte, gebeugte Frau mit schmerzhaft geschwollenen Gelenken.

Wenn im Herbst oder im Winter Regen und Hagel auf meine alten Bäume einprasseln, frage ich mich immer wieder, ob sie das überleben, und bezweifle, dass sie jemals wieder Blüten tragen. Aber wenn der Frühling kommt, springen die Knospen auf, und der Flieder ist in frisches grünes Laub gehüllt, während der alte Apfelbaum ein Meer von herrlichen, zartrosa Blüten trägt. Ich weiß dann, dass der Moment kommen wird, in dem sich die Äste biegen werden unter dem Gewicht der dunkelvioletten Fliederdoiden und saftigen Äpfel. Jedes Jahr ist das wieder ein Fest – ein Wunder von Leben und Überfluss.

Meine alten Bäume sind wahre Lebenskünstler. Ob kahl oder voller Blüten, sie sind in jeder Jahreszeit wundervoll und attraktiv. Selbst ihre beschädigte Rinde und die knorrigen Äste sind faszinierend schön. Und zudem haben sie ein reiches Innenleben, das unseren Augen verborgen ist. Wenn im Haus die Zentralheizung auf Hochtouren läuft und die Natur kein Lebenszeichen erkennen lässt, wird im Innern dieser Bäume schon die Blüte vorbereitet.

Ein bekannter Psalm vergleicht Menschen, die auf Gott vertrauen, mit Bäumen, die am Wasser gepflanzt sind. Dort steht: „Der ist wie ein Baum, gepflanzt an Wasserbächen, der seine Frucht bringt zu seiner Zeit, und seine Blätter verwelken nicht." Ehrlich gesagt sind in der Umgebung meiner beiden alten Bäume keine Wasserbäche zu erkennen, abgesehen von dem künstlichen Bächlein im Garten meiner Nachbarn, das mittels einer elektrischen Pumpe stundenweise vor sich hinplätschert. Diese Art von „Wasserbächen" beeindrucken meine alten Bäume nicht, sie haben ihre Wurzeln tief in die Erde geschlagen, um dort lebendiges Wasser zu finden. Das Resultat spricht für sich: Diese alten Bäume trotzen den Jahreszeiten, sie ertragen brennende Sonne ebenso wie stürmischen Wind und sogar Sturm und Hagel. Ihre Kraft nimmt im Laufe der Jahre nur zu. Auch wenn sie krumm sind und hier und da eine schadhafte Stelle haben, bringen sie dennoch prächtige Blüten und reiche Frucht hervor.

Auch wir Menschen kennen verschiedene Jahreszeiten in unserem Leben. Unsere Winter kommen, wenn die Liebe in einer Ehe abhanden kommt oder wenn es Probleme gibt in der Familie oder bei der Arbeit. Wenn sich solche Situationen länger hinziehen, dann zittern wir vor Kälte, und es wird dunkel in unserem Leben. Aber dann werden wir überrascht von neuer Hoffnung und Freude: Der Frühling kommt, wenn wir in froher Erwartung nach Neuem Ausschau halten. Zu anderen Zeiten scheint das Leben nur Freude zu bringen: Wir genießen eine kostbare Freundschaft, zu Hause herrschen Friede und Harmonie, unsere Arbeit erfüllt und begeistert uns – es ist Sommer! Doch dann ziehen Wolken auf: Wir bekommen Schwierigkeiten am Arbeitsplatz, unsere Gesundheit lässt zu wünschen übrig, wir stecken in einem schmerzlichen Konflikt oder wir verlieren einen geliebten Menschen.

Es ist Herbst – die Blätter fallen, und wir stehen mit leeren Händen da.

Wie können wir lernen, ebenso wie die beiden alten Bäume den verschiedenen Jahreszeiten standzuhalten? Wie können wir verhindern, dass Herbst und Winter uns überfallen und zerbrechen? Wie können wir in allen Situationen an der Hoffnung auf den Frühling und die Freude und Fülle des Sommers festhalten? Wir können es, indem wir den Mut haben, uns nicht abhängig zu machen von günstigen Umständen und sofortigem Erfolg. Indem wir tief genug graben und so den Strom des lebendigen Wassers finden. Wenn wir aus ihm trinken, schenkt uns das Kraft und lässt uns blühen – zu jeder Jahreszeit.

Es gibt jemanden, der verkündigte, dass er dieses Wasser nicht nur kennt, sondern dass er selbst dieses Wasser ist. Jesus sagte zu einer Frau, die genug hatte von ihrem erschöpfenden Lebensstil und enttäuscht darüber war, dass sie kein Wasser finden konnte, das den Durst ihrer Seele löschte: „Wer aber von dem Wasser trinken wird, das ich ihm gebe, den wird in Ewigkeit nicht dürsten, sondern das Wasser, das ich ihm geben werde, das wird in ihm eine Quelle des Wassers werden, das in das ewige Leben quillt."

Diese Frau und viele andere Menschen mit ihr begriffen, was er meinte, und machten sich auf die Suche nach dem, was er versprach: Leben anstelle des Todes, Vitalität statt Stagnation, Friede und Kraft statt Unruhe und Ohnmacht, Hoffnung statt Hoffnungslosigkeit. Sie fanden es ... in ihm.

Mein Hirte

Du, Herr,
willst mein Hirte sein.
Ich bin dir wichtig,
du willst dich um mich kümmern.

Du, Herr,
wirst mein Hirte,
wenn ich den Weg nicht weiß
und Hilfe brauche.

Du, Herr,
bist mein Hirte, nicht nur für ein paar Jahre
oder für einen bestimmten Lebensabschnitt.

Du, Herr,
bleibst mein Hirte,
auch dann, wenn ich dich nicht sehe
oder wenn ich deine Wege nicht verstehe.

Du, Herr,
hast als mein Hirte die Übersicht.
Dir ist mein Zaudern und Zagen bekannt,
trotzdem darf ich mich
deiner Führung anvertrauen.

Du, Herr,
sehnst dich als mein Hirte
nur nach meiner Hand,
die dir sagt: „Ich folge dir und vertraue dir!"

Gott lässt uns nicht im Stich

ELISABETH WÄHRISCH

Die gute Mischung

Nein, es ging mir wirklich nicht besonders gut! Zum dritten Mal innerhalb eines Jahres musste ich ins Krankenhaus und lag nun dort, erschöpft von der Operation und mit unangenehmen Schmerzen, in meinem Bett. Essen konnte ich nicht, alles widerstand mir, und nebenan im Bett schnarchte meine Mitpatientin, dass es nur so eine Art hatte. Tag und Nacht lag sie wegen ihres gebrochenen Armes auf dem Rücken und gurgelte die Luft in sich hinein. Zwei von den pflegenden Schwestern waren durch Krankheit ausgefallen, die übrigen rasten durch die Gegend und konnten sich wirklich nicht mehr um die Gemütslage ihrer Patienten kümmern. Besucher hatten sich angemeldet, aber eigentlich hatte ich gar keine Kraft für solche Besuche. Kurz: Ich schwamm so richtig in meinem Selbstmitleid. Plötzlich öffnete sich die Tür, und eine der Schwestern brachte ein kleines Päckchen herein. „Hier, ich spiele den Postboten für Sie."

Der Gruß kam von auswärts von lieben Leuten, die von meinem Krankenhausaufenthalt gehört hatten. Mir ging es gleich ein Stückchen besser. „Wie nett, dass die an mich denken", dachte ich und wunderte mich mal wieder, wie sehr man gerade als Patientin auf solche „Streicheleinheiten" angewiesen ist. Ich öffnete das Päckchen. Heraus kam ein handliches kleines Buch, eine Bettlektüre für Kranke. „Dem liebenswerten und geduldigen Patienten als Herzenstherapie auf die Bettdecke gelegt", hieß es auf dem Umschlag. Und dann lag eine Karte dabei. „Wir wissen aber, dass denen, die Gott lieben, alle Dinge zum Besten dienen."

Die Karte machte mich nachdenklich. Alle Dinge dienten zu meinem Besten? Auch die laut schnarchende Nachbarin, die mir den letzten Nerv tötete? Auch die eiligen Schwestern, die keine Zeit für ein ermunterndes Wort fanden? Auch das Elendsein und Keine-Lust-mehr-Haben?

Es musste wohl so sein, dass Gott meinte, alle diese Dinge seien gut für mich: zur Übung in der Geduld, zum Annehmen meiner Situation, zum Wissen, ganz allein auf ihn und seinen Beistand angewiesen zu sein. „Wir wissen aber, dass denen, die Gott lieben, alle Dinge zum Besten dienen." Ja, dieses Wort aus dem Römerbrief wollte ich nun auch auf mich anwenden. Selbstmitleid war also nicht mehr nötig.

Ein wenig später schlug ich das Büchlein auf und hatte gleich meinen Spaß daran. Es enthielt heitere Geschichten und Gedichte, so richtig zum Abschalten. Ich vergaß meine Schmerzen, als ich den hintersinnigen Spruch von Eugen Roth las:

„Was bringt den Doktor um sein Brot?
a) die Gesundheit,
b) der Tod.
Drum hält der Arzt, auf dass er lebe,
uns zwischen beiden in der Schwebe."

Oder, auf der nächsten Seite: „Ein Internist entließ seine wohlbeleibte Patientin mit einem guten Rat: Halten Sie gründlich diese Diät ein – und in fünf Monaten will ich drei Viertel von Ihnen zur Nachuntersuchung wiedersehen.'"

Wirklich, man konnte seine eigene Situation über dem Lesen dieser heiteren Dinge völlig vergessen. „Wie schön", dachte ich, „dass wir als Christen das beides können und dürfen: Sorgen abgeben, weil man sie in Gottes Hand legen kann – und von Herzen lachen, weil es noch so viel Fröhliches und Komisches in der Welt gibt, an dem man sich freuen kann." Und so habe ich für mich selbst, aber auch für andere, wieder neu gelernt: Es geht doch nichts über eine gute Mischung von geistlicher und weltlicher Ergötzung!

All eure Sorgen

All eure Sorgen
heute und morgen
bringt vor ihn
bringt vor das Kreuz
ihr seid geborgen
heute und morgen
all eure Sorgen
bringt vor ihn

all eure Zwänge
Weite und Enge
bringt vor ihn
bringt vor das Kreuz
was euch bedränge
Weite und Enge
all eure Zwänge
bringt vor ihn

all eure Sorgen
Freuden und Fragen
bringt vor ihn
bringt vor das Kreuz
Jesus wird tragen
Freuden und Klagen
all euer Fragen
bringt vor ihn

JÖRG SWOBODA

Stille im Sturm

Das Dorf Bluno liegt in der Niederlausitz und beherbergt seit zehn Tagen ein Zelt der Deutschen Zeltmission. Ich bin zum Abschluss der Zeltkirchentage zu einem Konzert eingeladen worden und treffe ein, als die letzte Kinderstunde noch läuft. Bei einem Kaffee verfolge ich vom Bistrozelt aus, wie interessant und abwechslungsreich die Mitarbeiter die Kinderstunde gestalten.

Dann ein letztes Lied und Gebet, ein Dank der Eltern an die Zeltmitarbeiter, ein letzter Abschied an die Kinder – und schon sind die Kindernachmittage im Zelt Geschichte, aber eine, die als Erfahrungsschatz einen bleibenden Platz in der Lebensgeschichte vieler Kinder finden wird. Denn zehn Tage lang waren viele Kinder für Stunden befreit aus bedrückenden familiären Verhältnissen. Viele, die vom einäugigen Dieb in ihren Wohnzimmern emotional ausgeraubt werden, konnten hier eine Gemeinschaft erleben, die reich macht. Viele, in deren Herzen sich aus Liebesentzug und Verwahrlosung schon Hass zusammengebraut hatte, haben hier das erste Mal in ihrem

Leben von Jesus gehört, der die Kinder liebt. Und sie haben Mitarbeiter erlebt, die sich für sie Zeit genommen haben, um mit ihnen zu spielen, mit ihnen zu singen und sie mit Zuwendung zu beschenken. Hier haben Kinder Freude erlebt, weil sie ihre Herzen auf Jesus gelenkt haben. Ihre Seelen, durch tausendfache Zerstreuung verwirrt und von Härten durchgescheuert, haben hier einen Halt gefunden. Nur Gott weiß, welche Lebensweichen in den Kinderseelen hier gestellt worden sind.

Dann fahren viele Autos vor, Kinder steigen ein, winken durch die Scheiben. Andere steigen auf ihre Fahrräder und radeln nach Hause.

Am Abend füllt sich die Zeltkirche wieder mit vielen Besuchern aus der näheren und weiteren Umgebung. Das Wetter ist umgeschlagen. Der Himmel hat sich zugezogen. Ein Gewitter zieht auf. Wir hören es schon in der Ferne grummeln. Das Konzert beginnt. Zuerst wird es nur windig, dann aber stürmisch und richtig ungemütlich. Die Donnerschläge kommen immer näher und werden lauter und lauter. Gerade singen wir das Lied „Stille im Sturm", da hat uns das Gewitter erreicht. Der Sturm bringt die Zeltwände zum Flattern. Das Zelt ist neu und stabil. Doch unter der

Wucht des Windes beginnen die Metallstreben zu ächzen. Besorgte Blicke gehen zum Zeltdach, auf das der Regen prasselt. Dann wandern sie zum Zeltmeister, ob der Ruhe bewahrt. Der Zeltdiakon zieht den Regler der Verstärkeranlage weiter auf und vergrößert die Lautstärke, damit mein Gesang im allgemeinen Geprassel nicht untergeht. Das Konzert unterbrechen? Weitermachen? Weitermachen!

Plötzlich überraschte Blicke nach unten und hochgezogene Knie. Einige wechseln die Plätze, um trockene Füße zu behalten, denn von verschiedenen Seiten läuft Wasser ins Zelt. Auch das noch! Gerade singen wir noch einmal gemeinsam den Refrain: „Stille im Sturm, Halt in der Flut, Wärme im Eis – Gott ist mir gut", da geht ein befreites Lachen durch die Versammlung, denn wir erleben, was wir gerade singen.

Dann haben wir das Schlimmste überstanden. Der Wind lässt nach, der Donner wird leiser, der Regen verebbt. Dann wieder Stille. Nur noch Lieder und das schöne Gefühl, alles heil überstanden zu haben.

Alles? Natürlich nicht. Wo auch immer viele Menschen unter einem Dach versammelt sind wie hier, finden sich alle Kümmernisse dieser Welt: Krankheit, Schuld, Probleme, aufgewühlte Seelen und Ausweglosigkeit. Mancher wird in Angst leben, weil ihm das Wasser bis zum Hals steht und sich nicht gleich verläuft wie eben. Manche inneren Stürme werden weiter toben und an Lebenshäusern rütteln.

Aber ich hoffe, dass dieser stürmische Abend die Gewissheit gefestigt hat, dass Gott unser sicherer Halt in der Flut von Problemen und unser Schutzraum der Geborgenheit ist. Und vielleicht ist durch diese Gewissheit auch der Entschluss geboren worden: „Ich will zu Gott rufen, und der Herr wird mir helfen" (Psalm 55,17).

ELISABETH WÄHRISCH

Liebe Traudel!

Heute hörte ich von Hannelore, dass Du nun also auch das Krankenhaus aufsuchen musst und wahrscheinlich an einer Operation nicht vorbeikommst. Da denke ich sehr an Dich, dass Du alles gut hinter Dich bringst und nicht zu lange von zu Hause fort sein musst. Gestern traf ich auf der Straße Frau Heise, Du kennst sie ja. Ich fragte sie: „Wie geht's?" Und da berichtete sie mir von allerhand Sorgen, Sorgen um die Arbeit ihres Mannes, Erziehungsschwierigkeiten mit den Kindern. Und dann schloss sie: „Aber Hauptsache ... man ist gesund, dann ist alles nicht so schlimm."

Ja, und diese Hauptsache fehlt Dir nun also. Man sagt diesen Satz ja oft so leicht dahin, mir selber ging es auch so, bis ich dann selber länger liegen musste und merkte, dass das oft ein ganz theoretisches Wissen ist. Gesundheit ist wirklich ein großes Gut. Vielleicht ist das schon ein Grund, warum Gott uns manchmal herausnimmt aus unserem Alltag: dass wir dankbar werden für dieses Gut, das wir so oft als Selbstverständlichkeit hinnehmen, ein

Gut, mit dem wir oft sorglos – viel zu sorglos – umgehen. Ich wünsche Dir, dass es Dir später so geht wie mir, dass man sich plötzlich unbändig freuen kann darüber, dass man wieder laufen kann, dass man voller Dankbarkeit ist für einen schmerzlosen Tag und für neu geschenkte Kraft. Aber nun hast Du erst einmal eine längere Liegezeit vor Dir. Die Sorgen werden Dich plagen: Wie soll's zu Hause weitergehen? Der Mann braucht meine Fürsorge, den beiden Buben fehlt die ständige Beaufsichtigung. Und es ist so viel liegen geblieben. Ja, abschalten fällt uns schwer, gerade uns Müttern. Wir fühlen uns immer so unentbehrlich und meinen, dass ohne uns alles drunter und drüber ginge. Besonders nachts plagen uns solche Gedanken. Weißt Du, ich hatte eine köstliche alte Großmutter, eine temperamentvolle, fröhliche Frau, die der Mittelpunkt der ganzen Familie war. Ich erinnere mich, wie sie eines Tages schrieb – es war mitten im fürchterlichen letzten Krieg –, wie sie eines Nachts aufgewacht sei und die Sorgen um die im Felde stehenden Söhne und Enkelsöhne und die Familien in den Bombengebieten wie ein Heer um ihr Lager gestanden hätten. Und dann schrieb sie weiter: „Ich konnte nicht mehr schlafen, da nahm ich meine Bibel zur Hand, schlug sie auf und las: ‚Alle eure Sorge werfet auf ihn, denn er sorgt für euch.'" Der Brief schloss mit den Worten: „Da habe ich flugs geworfen und bin ganz schnell und fröhlich eingeschlafen." Es war keineswegs so, dass sie von Leid in ihrem Leben verschont geblieben war. Im Gegenteil. Aber dieses Wissen, dass man sich selbst mit all seinen Sorgen und Nöten und auch all seine Lieben getrost in Gottes Hand legen darf, dieses Wissen machte sie immer wieder bereit „loszulassen". Ob wir das – eine Generation später – nicht auch noch lernen könnten?

Ich las neulich von einer berühmten indischen Ärztin, die als junge Medizinerin einen schrecklichen Unfall überlebte und dann jahrelang hilflos liegen musste. Als sie dann so gar nicht mehr weiterkonnte vor Schmerzen, hängten ihr ihre Kolleginnen einen holzgebrannten Spruch an die Wand mit lediglich zwei Worten: „Ich weiß." Dieser kurze Spruch hat die junge Ärztin unendlich getröstet, mehr als jede lange Trostrede. Ja, Gott weiß, was für uns gut ist, dass wir oft nicht weiterwissen, dass wir oft so verzagt sind. Er weiß aber auch, was er mit dieser unserer Krankheit vorhat. Dass wir einmal ausruhen und alle Verantwortung abgeben dürfen, was uns ja so guttut.

Vielleicht später dann aber auch, wenn wir schon wieder munterer sind, dass wir eine kleine Aufgabe bekommen für die Menschen, die mit uns zusammenliegen. Nirgendwo wird so offen über alles Menschliche geredet wie im Krankenhaus, wo man Tag und Nacht zusammen ist. Man braucht sich nicht anzusehen, man spricht einfach vor sich hin und ist doch im Gespräch mit dem Nachbarn. Und es ist merkwürdig, wie oft plötzlich in solch einem Gespräch eine große Not sichtbar wird. Eheschwierigkeiten oder Sorgen mit den Kindern oder Angst um einen selber. Und plötzlich merkt man, dass die Krankheit nicht nur einen Sinn hat für einen selber, sondern vielleicht auch für den Bettnachbarn, dem man – wenn Gott Gnade dazu gibt – vielleicht ein wenig helfen kann.

„Hauptsache gesund?" Nein, Hauptsache ist, dass Gott mit uns das Ziel erreicht, das er sich für diese unsere Krankheit gestellt hat. Aber natürlich und trotz allem wünsche ich Dir von Herzen „gute Besserung".

Deine Elisabeth Währisch

BIRGIT WINTERHOFF

Nicht allein unterwegs

Keinen Weg lässt uns Gott gehen, den er nicht selbst gegangen wäre, und auf dem er uns nicht vorausginge. "Dieses Wort des Theologen Dietrich Bonhoeffer[1] hat mich in den letzten Wochen in unterschiedlichen Situationen begleitet.

Leben heißt: unterwegs sein. Nicht umsonst sprechen wir vom Lebensweg. Manche Wegstrecken sind problemlos. Das sind die Zeiten, in denen alles glattläuft. Keine Konflikte. Keine Probleme, jedes Vorhaben gelingt. Alle Ziele werden erreicht. Man könnte die ganze Welt umarmen. Solche Zeiten lieben wir. Auf anderen Wegstrecken sieht man nicht auf Anhieb, wohin der Weg führt. Da können angenehme oder auch unangenehme Überraschungen lauern. Zeiten der Freude oder Zeiten der Resignation, Zeiten des Glücks oder Zeiten des Leides liegen nahe beieinander. Ich erlebe das immer wieder in Familien, wo innerhalb von kurzer Zeit ein alter Mensch stirbt und ein Kind geboren wird.

---

1 Dietrich Bonhoeffer, *Von guten Mächten*, Abakus, 1942, Greifenstein.

Auf manchen Wegstrecken häufen sich Konflikte und Probleme. Da läuft eben nicht alles glatt. Da sind Geduld, Stehvermögen und Konfliktfähigkeit gefragt. Da sind immer wieder neue Anläufe nötig, um ein Ziel zu erreichen. Und manchmal endet ein solcher Anlauf schnurstracks wieder in einer Sackgasse. Zeiten, die im Leben Spuren hinterlassen. Und da sind die Wegstrecken, die ständig zu neuen Entscheidungen herausfordern. Sozusagen Weggabelungen des Lebens. Die Berufswahl. Die Wahl des Ehepartners. Lebenswege sind nicht immer bequem. Man muss die unterschiedlichsten Situationen bewältigen, sich den Hindernissen und Herausforderungen stellen und Entscheidungen treffen.

Als Christen wissen wir, dass wir nicht allein unterwegs sind. Wir haben einen Wegbegleiter. Jesus Christus. Der Glaube an ihn hält und trägt und ermutigt, meinen Weg zu gehen, Schritt für Schritt, weil es Schritte an Gottes Hand sind. Gut, dass Gott uns keinen Weg gehen lässt, auf dem er uns nicht vorausgeht.

Im Jahr 2007 hat die evangelische Kirche den 400. Geburtstag des großen Liederdichters Paul Gerhardt gefeiert. Viele Lieder des Glaubens verdanken wir ihm. Zu seinen bekanntesten gehört ein Lied über den Lebensweg, über den gelingenden Lebensweg.

„Befiehl du deine Wege und was dein Herze kränkt der allertreusten Pflege des, der den Himmel lenkt. Der Wolken, Luft und Winden gibt Wege, Lauf und Bahn, der wird auch Wege finden, da dein Fuß gehen kann.

Weg hast du allerwegen, an Mitteln fehlt dir's nicht; dein Tun ist lauter Segen, dein Gang ist lauter Licht; dein Werk kann niemand hindern, dein Arbeit darf nicht ruhn, wenn du, was deinen Kindern ersprießlich ist, willst tun."

Ein neues Lied

In meinem Bücherregal im Arbeitszimmer befindet sich eine schöne Schachtel, in der ich besondere Briefe aufbewahre. Dann und wann nehme ich einen dieser Briefe in die Hand, um ihn erneut zu lesen. So las ich kürzlich einige Briefe einer Freundin aus der Zeit, als ihr Mann an Krebs starb. Die beiden hatten viele Jahre lang als Missionare im Ausland gelebt, waren aber seit einiger Zeit zurück in der Heimat. Sie hatten schon bald neue Aufgaben in ihrer Gemeinde und in der christlichen Studentenarbeit gefunden. Dann aber kam der Krebs.

Direkt nach der Diagnose wurden alle Hebel in Bewegung gesetzt, um die Krankheit, wenn nicht zu überwinden, so zumindest zu zügeln und aufzuhalten. Immer wieder hofften sie auf ein Wunder. Dann aber ging auf einmal alles sehr schnell, und sie mussten sich auf den Abschied vorbereiten. Es ist beachtlich, dass Peter es in den letzten Monaten noch schaffte, Menschen Seelsorge anzubieten und sie zu beraten. Er war ein Mensch, dem der Dienst an anderen Menschen wichtig war und Freude machte.

Als Peter starb und Anna alleine zurückblieb, war sie erschüttert. Erschüttert, aber dennoch nicht ins Bodenlose versunken. Wenn ich ihren Brief aus dieser Zeit lese, bin ich wieder stark beeindruckt. „Ich will meinen Weg weiterhin im Vertrauen auf Gott gehen", schreibt Anna. „Er ist in guten und bösen Zeiten unsere Stärke, unsere Hoffnung und unsere Freude gewesen, und das wird er auch jetzt für mich sein." Und dann: „Zwar haben sich meine Umstände vollkommen verändert, Gott aber ist derselbe geblieben."

Es gibt in meiner Schachtel noch einen Brief von Anna, der einige Monate später geschrieben wurde. Ihr Gottvertrauen sei geblieben, daran sollten wir nicht zweifeln, schreibt sie. Sie wolle aber nicht verschweigen, dass ihr neuer Weg als Witwe ihr häufig schwerer falle, als sie erwartet habe. „Meine Hoffnung war, dass ich während meines Trauerprozesses ein neues Lied über Gott entdecken und singen würde", schreibt sie. „So wie es David erfuhr und in Psalm 40,4 bezeugt: ‚Und in meinen Mund hat er ein neues Lied gelegt, einen Lobgesang auf unseren Gott'".

Auf dem Briefpapier ist eine Zeile leer geblieben. Es ist, als habe meine Freundin einen

Moment gebraucht, bevor sie weiterschreiben konnte. Dann fährt sie fort: „Der Gedanke an ein neues Lied ist nicht in den Hintergrund getreten. Ich wusste nur nicht, dass es so schwierig werden würde. Immer wieder drängten sich Kummer und Schmerz auf. Immer wieder überfielen mich Fragen wie: *Wird das Leben je wieder gut werden?* oder: *Ist mir das Leben ohne meinen Mann noch wertvoll genug, um es leben zu wollen?* Immer wieder habe ich in der Gefahr gestanden, von diesen starken Emotionen und Gedanken überwältigt zu werden."

Ich halte kurz inne, um das Geschriebene auf mich einwirken zu lassen, dann lese ich weiter. „Ich empfand klar, dass ich eine Wahl treffen musste: Ich konnte es entweder aufgeben, mit einem neuen Lied in meinem Herzen zu rechnen, und konnte mich bedrückten, schwermütigen und depressiven Gedanken ausliefern. Oder ich konnte darauf vertrauen, dass mitten aus dem Elend das Lob Gottes neu entstehen würde. Diese Entscheidung ist ein innerer Prozess, der harte Arbeit bedeutet und einem viel emotionale Energie abverlangt. Psalmworte, durch die ich mich durchgekämpft habe, helfen mir bis heute, nicht in einem tiefen Morast zu versinken."

Annas Brief endet mit einer Bitte: „Betet für mich, dass ich es nicht zulasse, dass mein Herz von negativen Gedanken und Gefühlen überhäuft wird. Ich will mich ganz bewusst an Gottes Realität erinnern. Er ist da, ich darf mit ihm rechnen. Bitte betet, dass sein Trost und seine Kraft in meinen Kummer hineinsinken und mich vor dem Ausrutschen bewahren. Das Tränental aus Psalm 84,7 ist Realität. Ich will aber nicht vergessen, dass dort auch von Quellen die Rede ist. Und von der Aussicht, dass man wieder herauskommt, weil man Kraft empfängt, weiterzugehen."

Es sind einige Jahre vergangen, seitdem meine Freundin ihren Mann verloren hat. Ihre Briefe habe ich, wie gesagt, in der kleinen Schachtel für besondere Briefe aufbewahrt. Manche Schreiber dieser Briefe leben nicht mehr, ihre Gedanken und Erfahrungen sind mir aber ein kostbares Erbe, weil sie ein Glaubenszeugnis ausdrücken und mich dazu inspirieren und dazu auffordern, Gott in allen Umständen zu suchen und mein Vertrauen auf ihn nicht aufzugeben. Das gilt auch für die Briefe der noch Lebenden, die ich aufbewahrt habe. Briefe, in denen persönliches Leid ausgesprochen wird, aber nicht das Sagen hat. Briefe, in denen hingewiesen wird auf den ewigen Gott, der uns einlädt, unsere Zuflucht bei ihm zu suchen und uns von ihm trösten und heilen zu lassen.

Ohne Sorge

Berühmt ist das „Ohnsorgtheater" in Hamburg. Hinter seinem Namen steht die Sehnsucht, es möchte Abende und Vorstellungen, Stücke und Spiele geben, die Menschen alle ihre Sorgen vergessen lassen. Berühmt ist das „Ohnesorgeschloss" in Potsdam. 1745–1747 ließ Friedrich der Große das Schloss „Sanssouci", zu deutsch „Ohne Sorge", erbauen. Und auch hinter diesem Namen steht die Sehnsucht, es möchte einen Ort, ein Lustschloss, einen gesicherten Bereich geben, zu dem die Sorgen keinen Zutritt haben und die Bewohner sich ohne Sorgengeister entspannen können.

Aber weder Lustspiele und schöne Abende noch Lustschlösser und königliche Vergnügungen vermögen die Sorgen und ihre Macht zu bannen. Viele Fragen sind so bedrängend und hautnah, so lebensbedrohend und real, dass wir nicht so leicht ohne Sorge sein werden. Die Sorgen um kleine Kinder und alte Menschen, um Arbeitsplatz und finanzielle Sicherheit, Gesundheit und Alterssicherung nehmen einen großen Platz ein. Weder Vernunft – das Sorgen hilft nicht, es macht nur krank – noch Ablenkung – wir gehen aus und vergessen mal die Probleme – helfen wirklich weiter.

Es gibt nur eine Möglichkeit. Wir brauchen eine sichere Adresse, an die wir unsere Sorgen, Fragen, Ängste senden, also rauslassen statt runterschlucken. Gott ist dafür die allerbeste Adresse, denn er verspricht uns, unsere Sorgen nicht nur anzuhören und zu teilen, sondern sie auf sein Herz zu nehmen.

Mit Gott erlebt

Hundert Nebeltage und mehr

Nebel über dem Wintermeer! Er hätte nicht dichter sein können. Graue, feucht-kalte Luft umhüllte mich, während ich am Ufer der Nordsee vor mich hinstapfte.

Eigentlich finde ich es ja immer schön am Meer, aber in diesen Wintertagen konnte selbst meine Lieblingslandschaft mich inner-lich nicht mehr erreichen.

Ich stand am Anfang meiner Lebenskrise, in die ich ungefähr drei Monate zuvor hinein-geraten war. Der Nebel hier draußen am kal-ten Nordseestrand machte mir deshalb so viel aus, weil ich mich innerlich genauso vernebelt fühlte. Hoffnungslos, leer, müde, antriebslos und traurig lief ich durch die Gegend. Und niemand konnte etwas daran ändern. Selbst meine kleinen Kinder nicht, die voller Le-bensfreude in unserem Quartier durch die Ge-gend flitzten und unser Freizeithaus eroberten, während ich am Strand entlangschlich. Fast auch nicht mein Mann, der mich in vielen frü-heren Lebenssituationen schon aufgemuntert und gestärkt hatte. Selbst er erreichte mich fast nicht mehr in dieser Zeit.

Und Gott? Von dem fühlte ich damals auch nur, dass sich eine dichte Decke aus Nebel zwischen Himmel und Erde befand. Meine Tränen und Verzweiflungsschreie schienen nicht mehr zu ihm durchzudringen! Rief ich zu leise? War der Nebel zwischen uns zu dick oder Gott seinerseits mit anderen Dingen beschäftigt? Vielleicht irgendwo in Indien? Ich wusste es nicht.

Was war mit mir passiert? Mit der fröhlichen, starken Kerstin, die immer etwas zum Freuen in ihrem Leben hatte und fast alles im Leben so gut allein auf die Reihe bekam?

Ich hatte mich im letzten Jahr zu einem ganz wichtigen Schritt entschieden, nämlich mich meinen Rückenschmerzen zu stellen. Dazu war mir ein für mich ungewöhnlicher Weg empfohlen worden. Statt nur Medikamente zu nehmen, Wärmesalbe zu schmieren und irgendwelche krankengymnastischen Übungen zu machen, sollte ich reden lernen! Schwer vorstellbar für eine gelernte Lehrerin, die ja fast immer etwas zu reden hat.

Was gab es da zu sagen? Über meine Schmerzen, die mich damals schon ungefähr sechzehn Jahre lang einschränkten und mein Leben bestimmten? In den Gesprächen mit meiner Therapeutin, die sich redlich um mich bemühte, fiel mir dazu so gut wie nichts ein. Und dann – mit einem Male – fiel mir unendlich viel ein. Das war am 16. September 2001.

Plötzlich war es, als hätte jemand ein Ventil gelöst, und nun drang alles das aus mir heraus, was jahrelang „verschlossen" gewesen war. Weil ich nicht so gut über mich reden konnte, damals, schrieb ich alles in einem Tagebuch auf. Hätte ich gewusst, dass ich auch dafür Jahre brauchen würde, um das Verschlossene ans Licht zu bringen, dann hätte ich sicher zu Gott gesagt: „Das kann ich nicht! So eine lange Strecke schaffe ich nicht! Bitte gib mir eine Sanddüne, auf die ich mich hier am Strand setzen kann, und lass mich dort für immer einschlafen." Nun, zum Glück wusste ich nicht, was vor mir lag.

Was ich dann aber doch in diesen Nordsee tagen erlebte, war, dass Gott die dichte Nebeldecke zwischen uns zur Seite schob. Seit drei Monaten bestand mein Leben mit Gott eigentlich nur noch aus verzweifelten Gebeten. Immerhin, die richtete ich noch an ihn, schickte sie nicht einfach ins Leere. Worte oder gar Bibelworte erreichten mich überhaupt nicht. Ich hatte auch aufgegeben, sie zu lesen.

Das, womit ich Gott in dieser Zeit hauptsächlich bombardierte, waren meine verzweifelten Fragen: Wo bist du hier in meinem Elend? Warum, um Himmels willen, meldest du dich nicht und lässt mich so jämmerlich allein mit meiner Trauer und den vielen ungelösten Fragen? Mich, die ich keine Zukunft sehe?

Und dann kam er. Deutlich. Hörbar. Klar. Erschreckend. Erhebend! Ich erlebte Gott in einer Nacht dort in diesen Ferien, als es leise und still um mich war. Er redete mit mir in einer Deutlichkeit, die mich überwältigte, weil ich ihn so noch nie erlebt hatte. Ich kroch aus meinem Bett, nahm mein Tagebuch zur Hand und schrieb alles auf, was ich hörte und erlebte. Jetzt, nach über drei Monaten Lebenskrise, schaltete er sich also doch ein! Ich blickte auf ungefähr hundert einsame Tage zurück, in denen Tränen mein täglich Brot gewesen waren, und spürte mit einem Mal sein Reden: „Ich, dein Gott, habe das alles gesehen, war die ganze Zeit mit dabei – und ich habe etwas mit dir vor!"

In dieser Nacht sagte er das zu mir, was zum damaligen Zeitpunkt für mich wichtig war. Es ging um meine Haltungssünden, die eben auch im Rücken stecken können. Es ging um meine innere Weiterentwicklung und um meine Beziehung zu ihm.

Als Gott fertig war mit dem ganz persönlichen Reden für mich, strömten noch drei Bibelworte auf mich ein, die mich tief berührten. Eins davon war mein Taufspruch aus Sprüche 3,5-6: „Verlass dich nicht auf deine eigene Urteilskraft, sondern vertraue voll und ganz dem Herrn! Denke bei jedem Schritt an ihn; er zeigt dir den richtigen Weg und krönt dein Handeln mit Erfolg."

Das war so viel Stoff! Ich hatte sehr viel zu verarbeiten in diesen angeblichen „Urlaubstagen", die sich zu inneren „Umbruchtagen" entwickelt hatten. In meinem normalen Alltag als Pastorenfrau mit zwei Kleinkindern wäre gar nicht der Raum gewesen, mich dem zu stellen. Aber jetzt, im Nordseenebel, mit der Unterstützung meines Mannes, hatte ich die Zeit dazu.

Und Gott meldete sich erneut. Einige Nächte später redete er weiter mit mir. So fuhr ich nach Hause aus dem wohl anstrengendsten Urlaub meines Lebens, der wenig Entspannung, aber jede Menge Erkenntnisse mit sich gebracht hatte.

Wenn ich heute auf die hundert Tage zurückblicke, die Ende September 2001 begannen und in denen Gott meiner Meinung nach geschwiegen hatte, dann sehe ich, dass Gott mich in diesen scheinbar einsamen Tagen vorbereitet hat. Es wäre unmöglich gewesen, wenn er bereits früher so mit mir gesprochen hätte. Es hätte mich komplett überfordert. Ich wäre nicht bereit gewesen, das zu hören, was kam. Mein Herz wäre nicht empfänglich gewesen.

So aber sehe ich zurück auf eine Zeit, in der Gott eine weinende kleine Kerstin auf dem Arm hatte, die diese Arme damals nicht fühlte, aber rückblickend die Tragkraft spürte. Keinen Augenblick hat er mich in dieser Zeit aus den Augen gelassen. Von wegen: Beschäftigt in Indien! Auch da hatte er sicher gut zu tun, aber in Lüneburg und an der Nordsee bei mir eben auch. Er war dabei, mein Herz vorzubereiten. Er wusste, welche Gedanken und Tränen vorher nötig sein würden, damit er dann mit ganzer Kraft kommen konnte. Ja, mehr noch. Ich sehe, dass er meinen inneren Prozess gelenkt hat.

Wie oft hatte ich in diesen hundert Tagen das Gefühl: *Es schreibt!* Nicht *ich* schreibe so viele wesentliche Dinge auf, die ans Licht müssen, sondern ich werde gelenkt zu schreiben. Ich werde geführt zu wichtigen Gedanken über mich. Ich muss sie einfach nur kommen lassen.

Und so formulierte ich damals ein Gedicht, das ich Jesus in den Mund gelegt habe:

Lass das Kämpfen
sein!
Gib deine Hand
mir.
Du kannst geborgen
sein.
Ich gehe mit
dir.
Der Weg ist
Ziel.
Das ist schon
viel.

Gib deine Hand
mir.
Ich warte mit
dir.
Jesus

Die hundert Tage waren erst der Anfang. Vor mir lagen viele Entwicklungsjahre, viele Krisenjahre, in denen ich darauf angewiesen war, dass die guten alten Arme Gottes mich bargen, mich hielten, mich trösteten, mich formten. Da gab es harte Zeiten, in denen ich mich vernachlässigt fühlte und wieder an seine Brust trommelte, weil ich der Meinung war, er kümmere sich nicht. Und es gab die anderen Tage, in denen er erneut kam, deutlich, hörbar, klar, erschreckend, erhebend.

Mit der Zeit bin ich sicher bei ihm geworden: Ich wusste, dass ich rückblickend meistens unsere vier Fußspuren sah. Und wenn es zwei waren, dann waren es wohl seine. Hoffentlich!

Hoffentlich waren es nicht meine. Denn das hätte bedeutet, dass ich mich losgerissen hätte und alleine vor mich hingestapft wäre. Das hätte zur früheren Kerstin gepasst, die fast alles allein auf die Reihe bekam. Nicht aber zur erneuerten Kerstin, die Gott in diesen Jahren als neu prägenden Herrn mit Schöpferkraft erlebte.

Der kann tragen, selbst so eine wie mich!

Das Unmögliche anpacken

Ich bin zu drei Konzerten am Stück unterwegs: eins in Westerstede, eins in Emden und eins in Gronau. Mein Keyboarder hat wegen Krankheit kurzfristig abgesagt. Na prima. Kurz vor Hamburg sitze ich bei einer Pause etwas bedeppert auf dem Parkplatz und bedaure mich. Ach was! Singe ich eben allein wie schon die Jahrzehnte davor. Nur Mann mit Gitarre hat auch was.

Da fällt mir eine Sendung des MDR ein, in der vor zwei Jahren ein junger Pianist aus Stendal vorgestellt worden war. Der erzählte der Reporterin putzmunter, wie er sich bekehrt hatte. „Und hier", er zeigte auf das Taufbecken in seiner evangelisch-freikirchlichen Gemeinde, „bin ich getauft worden." Als er anschließend noch eine Akkordfolge in die Klaviertasten warf, dachte ich: „Mit dem würde ich auch mal ganz gern zusammen spielen."

Würde, hätte, hm. Hilft mir aber jetzt auch nicht. Oder doch? Warum eigentlich nicht das Unmögliche anpacken? Das Adressenverzeichnis unseres Freikirchenbundes habe ich dabei. Also rufe ich beim Gemeindeleiter

Frank Blume in Stendal an: „Gibt es in eurer Gemeinde …?" „Gibt es." „Könntest du mir mal seine Telefonnummer als SMS senden?" „Kann ich."

Abends sitze ich im ostfriesischen Firrel-Neuemoor bei meinen Freunden Hero und Anne Jelten beim Abendbrot, da kommt die ersehnte SMS mit der Telefonnummer. Ich rufe an: „Ich bin der und der, kenne dich aus dem Fernsehen und wollte dich fragen, ob du dir vorstellen kannst, einmal mit mir zusammen zu spielen." Total überrascht, sagt er ziemlich tonlos zu. Noch überraschter ist er, als ich weiter frage: „Auch bei Konzerten morgen, übermorgen und überübermorgen?" Zuerst ist es ganz still, dann sagt er: „Das muss ich erst mal realisieren. Bis wann kann ich zurückrufen?" „Bis Mitternacht." „Gut, bis später." Sein Rückruf kommt um 23 Uhr: „Wenn ich ein paar Termine verschiebe und mir einen Mietwagen nehme, könnte ich kommen." Er läuft noch in der Nacht zur Bank, prüft seinen Kontostand und mietet übers Internet ein Auto. Aber er kann am Morgen als Student die Kaution nicht zahlen. Er bekommt den nagelneuen Wagen trotzdem und erscheint am Nachmittag in Westerstede. Wir sehen uns das erste Mal im Leben, proben neunzig Minuten und spielen am Abend das erste Mal bei einem Konzert zusammen. Als ich zu Beginn erzähle, wie wir uns gerade gefunden haben, bebt die Kirche vor fröhlichem Lachen und Beifall. Die Geschichte ist ein echter Knaller. Wenn das kein Abenteuer ist!

Es gibt Sachen, die gibt es gar nicht. Bei Gott aber doch.

Frühzeitig

Er hat eines der schönsten Lieder im Aufbruch des Jahres 1989 geschrieben: „Vertraut den neuen Wegen, / auf die der Herr uns weist, / weil Leben heißt: sich regen, / weil Leben wandern heißt. / Seit leuchtend Gottes Bogen / am hohen Himmel stand, / sind Menschen ausgezogen / in das gelobte Land." Für eine Familienfeier gedichtet, für ein ganzes Land nach dem Mauerfall mitsamt seiner bewegten Kirche ein großer Freiheitstext.

Klaus Peter Hertzsch war zunächst Studentenpfarrer in Jena und anschließend dort Professor für Praktische Theologie, mit einem Hang zur Dichtkunst. Nur: Wie hat er das alles geschafft? Schon in jungen Jahren stellt sich eine schwere Augenerkrankung ein. Wochenlang weiß er nicht, ob er völlig erblinden wird. Am Ende bleiben 10 Prozent Sehfähigkeit. Ob ihm diese Tatsache sein Leben nicht unendlich erschwert hätte, wurde er in einem Gespräch gefragt. „Wer früh behindert wird, hat es einfacher", antwortete er. Nein, das ist kein Schönreden eines schweren Schicksals. Es ist aber der Blick eines glaubensvollen

Menschen auf die Gesamtweite eines ganzen Lebens. Klaus Peter Hertzsch hat von Anfang an seine Lebenszeit unter das Motto gesetzt: „Du bist meine Zuversicht, Herr, mein Gott, meine Hoffnung von meiner Jugend an; denn auf dich habe ich mich verlassen vom Mutterleibe an" (Ps 71,5f). Das hatte er frühzeitig gelernt: Leben ist zerbrechlich. Ohne Gott nicht zu bewältigen. Ein blindes Festhalten an dessen Versprechen: „Ich will Hilfe schaffen dem, der sich danach sehnt" (Ps 12,6). Und diese Hilfe kam. Seine Frau las ihm vor. Sein Gedächtnis wurde unerschöpflich.

Auf der anderen Seite begegnen mir immer wieder Menschen, die zunächst einmal jahrelang ganz leichtfüßig durchs Leben gehen. Bis es an irgendeinem Tage zu einem Unfall, einer bitteren Enttäuschung, einer völlig unerwarteten Erkrankung kommt. Diese Menschen reagieren dann oft wie versteinert: „Ich war doch mein Leben lang gesund", sagen sie mir dann, „wie konnte dann ausgerechnet mir so etwas passieren?" Sie wehren sich gegen ihr Schicksal, beginnen mit Gott zu hadern, haben es ganz außerordentlich schwer, Hilfe von anderen anzunehmen. Und dass am Ende auch sie sterben müssen, empfinden sie fast als persönliche Zumutung. Um nicht missverstanden zu werden: Niemand muss in jungen Jahren Leid zu bewältigen haben. Es gibt den Segen der fröhlichen Entwicklung. Der ist ein wichtiger Teil in der Schöpfung. Aber frühe Erfahrungen von Begrenzung, Hindernissen und Kummer können feinfühlig, hellhörig – und auch fromm machen. Man merkt ja schon zu Beginn der Lebensreise: Nicht alles habe ich in der Hand. Es ist schon besser, wenn ich mich auch den Händen eines anderen anvertrauen kann. Und der andere Aspekt ist die Bildung einer großen Dankbarkeit. Nichts ist selbstverständlich, weil man ja weiß, was es sonst noch alles gibt. „Große Verluste sind es hauptsächlich, welche dem Menschen die höhere Aufgabe seines Daseins unwiderstehlich nahe bringen, durch sie lernt er dasjenige kennen und schätzen, was wesentlich zu seinem Frieden dient" (Eduard Mörike).

Ein Engel auf der Autobahn

Wie wichtig die Losung des 15. Juni 2004 für uns werden würde, ahnten wir nicht, als wir unsere Fahrt in den Süden antraten. Es war der Vers von Selma Lagerlöf, der genau in unsere Situation passte. „Man soll nicht ängstlich fragen, was wird und kann noch kommen, sondern sagen: Ich bin gespannt, was Gott mit mir vorhat."

Ist es nicht seltsam, dass ich genau den gleichen Vers in Händen hielt, als ich beim Einstieg ins Auto in die Tasche meines Anoraks griff und eine Spruchkarte mit diesem Wort herauszog? Auf dem Hauptbahnhof zwei Tage zuvor hatte mir die Leiterin des Frauenfrühstückstreffens in Hamburg diese Spruchkarte als geistlichen Reiseproviant zugesteckt, als ich mich nach meinem Vortrag wieder auf die Heimreise begab. Ja, ich war wirklich gespannt, was Gott in den Tagen des Bibelkurses, die vor mir lagen, tun würde.

Wir hatten mit unserem Opel gerade Fulda hinter uns gelassen, als plötzlich ein entsetzliches Knattern und Scheppern uns erschreckte. „Rechts ran! Fahr rechts ran!", rief ich meinem

135

Mann zu; denn wir befanden uns auf der Überholspur der A7. Zum Glück gelang uns dies sehr schnell, denn an diesem Tag herrschte wenig Verkehr. Auf dem Seitenstreifen hielten wir an. Mein Mann hob die Motorhaube hoch, und schon kam uns Rauch entgegen. Eilig suchten wir das Weite, weil uns die Angst packte, der Wagen könnte in Flammen aufgehen.

Nun standen wir da und überlegten, was wir tun sollten. Weiterfahren konnten wir nicht, und so lief mein Mann zur Notrufsäule, um den Pannendienst zu rufen. Inzwischen hatte ich das Warndreieck in einiger Entfernung aufgestellt und blieb recht ratlos auf der Standspur stehen. An mir rasten die Laster und Personenwagen in schnellem Tempo vorbei, und jedes Mal traf mich ein Windstoß. Am Spätnachmittag sollte ich in Gunzenhausen sein. Fast fünfzig Teilnehmer hatten sich dort zum Bibelkurs angemeldet. Wie würden wir nun rechtzeitig nach Bayern kommen? Wir wussten es nicht. Aber Beten hilft immer. Das war schon von jeher die Erfahrung meines Lebens. Und so legten wir unsere Panne Gott vor. Er würde sicher einen Ausweg für uns finden und unseren Verstand recht leiten. Nach etwa einer Stunde war der Abschleppdienst zur Stelle. Der

KFZ-Mechaniker prüfte den Schaden und stellte ziemlich schnell fest, dass der Motor uns den Dienst versagt hatte. Auf unsere Frage, wie viel die Reparatur wohl kosten könnte, meinte er: „Na, 2000-2500 Euro werden Sie wohl hinblättern müssen."

„Das ist ja eine schöne Bescherung", kam es mir über die Lippen. Während wir zum nächsten Ort Uttrichshausen abgeschleppt wurden, überlegten wir, was nun zu tun sei. Unser Opel Vectra war schon recht alt, und wir hatten ihn in letzter Zeit schon einige Male in die Werkstatt bringen müssen. Eine solch teure Reparatur wollten wir nicht auf uns nehmen. Also brauchten wir ein neues Auto.

In Uttrichshausen kannten wir die Firma Rensch. Vor 28 Jahren hatte sie für uns ein Fertighaus gebaut. Dort wollten wir den Chef fragen, ob wir unseren Wagen auf seinem Parkplatz abstellen könnten, und dann überlegen, wie wir nach Gunzenhausen weiterkämen. Unser Auto war bis obenhin vollbepackt mit Bibelkursmaterial, Büchern, Kleidung und Geschenken für Freunde. In zwei Koffern, drei Pappkartons und einer Anzahl Taschen war unser Hab und Gut verstaut. Schuhe, Regenschirm, Hut und Mäntel lagen auf dem übrigen Gepäck lose oben drauf.

Als wir auf dem Gelände der Firma Rensch ankamen, fuhr gerade ein Herr mit seinem Wagen vor. Entschlossen ging ich auf ihn zu: „Wir kennen den Firmenchef gut. Können Sie uns sagen, wo wir ihn finden?"

„Der Chef ist leider im Urlaub", war seine Antwort.

„Mein Name ist Bormuth", stellte ich mich jetzt vor, „könnten wir vielleicht von hier aus telefonieren?"

Erstaunt sah er mich an: „Bormuth? Heißen Sie Lotte Bormuth?"

„Ja", nickte ich.

„Ich kenne Sie von Ihren Büchern, die in meiner Familie gern gelesen werden. Aber vielleicht kann ich Ihnen behilflich sein." Ich war erstaunt über diese Begegnung und trug dem Herrn mein Anliegen vor. Sein Name war Hans Jürgen Klüh, und er war der Prokurist der Baufirma.

„Um 18 Uhr müssten wir im Diakonissenmutterhaus in Gunzenhausen sein. Gibt es von hier aus einen Bus, der uns nach Fulda an den Bahnhof bringen könnte?"

Der Prokurist sah unseren vollbepackten Wagen, überlegte einen Moment und sagte kurz entschlossen: „Damit Sie pünktlich zum Bibelkurs kommen, werde ich Sie mit meinem

Auto hinbringen. Sie können schon mal Ihr Gepäck in meinen Wagen umladen. Inzwischen führe ich in meinem Büro noch einige Telefonate."

Träumte ich oder war es wahr? Ich wusste nicht, wie uns geschah. Über 200 Kilometer lagen vor uns, und dieser Herr war bereit, uns sicher an unser Ziel zu bringen? Ich konnte es nicht begreifen. Mir war zumute, als hätte ich eben die Stimme eines Engels vernommen. Noch rechtzeitig würden wir mit all unsern Koffern, Paketen und Taschen ans Ziel gelangen. Schon zehn Minuten später setzten wir unsere Fahrt in den Süden fort. Im Gespräch miteinander stellten wir fest, dass unser Fahrer Christ war und wir gemeinsame Freunde hatten. Die Zeit verging wie im Flug. Pünktlich und wohlbehalten kamen wir nach gut zwei Stunden in Gunzenhausen an. Als wir unseren „Engel" fragten, was wir ihm schuldig seien, sagte er nur: „So, Ehepaar Bormuth, jetzt beten wir miteinander, und dann steigen Sie aus."

Nicht einmal zu einem Abendessen ließ sich Herr Klüh einladen. Ihn drängte es, schnell wieder nach Hause zu kommen. Diese wunderbare Erfahrung der Hilfsbereitschaft machte mich zutiefst dankbar. Es gibt wirklich noch Engel, Engel auf der Autobahn, und das Wort der Losung des Tages hatte sich bewahrheitet.

„Marktwert"

Ich halte die Tageszeitung in den Händen und überfliege die Überschriften. Wieder einmal gibt die Bundesagentur für Arbeit die neueste Arbeitslosenstatistik bekannt. Zahlen, über die man schnell hinweglesen kann, wenn man Arbeit hat und selbst nicht zu den Betroffenen zählt. Mich berührt diese kaum vorstellbare Menge aber, da ich vor reichlich einem Jahr plötzlich selbst ein Teil davon war. Und ich hatte keine Ahnung, wie ich da wieder wegkommen sollte.

Meine Gedanken wandern zurück in die alte Heimat. Weil unsere Kinder alle „flügge" geworden waren, hatte ich nach 17 Jahren Hausfrauentätigkeit wieder eine Aufgabe außerhalb der Familie gefunden. Mehr als zehn Jahre war ich in einer christlichen Jugendeinrichtung tätig. Ob Büroarbeiten oder in der Gästebetreuung – es gab viel für und mit Menschen zu tun. Welche Aufgabe kann schöner sein? Dann kam die Berufung meines Mannes in einen anderen Dienst und damit in ein anderes Bundesland. Eine Herausforderung, der er sich aber gern stellen wollte. Nach

Beendigung seiner bisherigen Arbeit wartete ja wieder eine spannende Tätigkeit auf ihn. Sein neues Aufgabengebiet kannte er schon und freute sich darauf. Und ich? Würde Gott im Blick haben, dass auch ich gern wieder eine Anstellung finden wollte?

Der anstehende Umzug ließ mir nicht viel Zeit für Sorgen um meine berufliche Zukunft. Die nächsten Monate waren gut gefüllt mit zusätzlichen Aufgaben. Der Haushalt musste in mehrere kleine aufgeteilt werden, denn keines unserer Kinder würde mit uns in die neue Stadt ziehen. Ausbildungs- und Studienplätze waren an anderen Orten, unser bisheriges Familienleben würde ab jetzt in einer ganz neuen Form und eher sporadisch stattfinden.

Als die Umzugskisten in Berlin endlich wieder ausgepackt waren, kam die Frage erneut angekrochen: Wo war mein Arbeitsplatz in der neuen Umgebung? Ich wollte nicht den ganzen Tag untätig zu Haus sitzen und abwarten. Kontakte hatten sich noch nicht viele ergeben, es blieb also nur der Gang zum Arbeitsamt. Neuland für mich.

Die zuständige Behörde befand sich in einem Plattenbau im Osten der Stadt. Lange Flure, kahle Zimmer und unfreundliche Mitarbeiter wirkten eher abweisend statt vertrauenerweckend auf mich. Konnte ich hier auf Hilfe hoffen? Die nötigen Formalitäten waren erledigt, den kritischen Blick auf meine Unterlagen hätte ich gern übersehen. Ich erhielt eine Registriernummer, die meinem „Fall" zugeordnet war.

Schon wenige Tage später bekam ich die Einladung zu einer Trainingsmaßnahme des Arbeitsamtes. Extra konzipiert für Menschen wie mich, die sich neu arbeitslos gemeldet hatten. Im Mittelpunkt stand die Information über Rechte und Pflichten eines Arbeitslosen. Gleichzeitig wurde ein Bewerberprofil von jedem Teilnehmer erstellt, um die Chancen auf dem Arbeitsmarkt aufzuzeigen. Zu meinem Erstaunen setzte sich unsere Trainingsgruppe aus vorwiegend jungen, sehr gut ausgebildeten Leuten zusammen. Mit mir waren nur drei etwas gereiftere Leute erschienen. Ich ahnte bereits, dass ich mit meinem geringen „Marktwert" eine Zumutung für die Arbeitsvermittlung war: über 50 Jahre alt und einen Berufsabschluss im Gesundheitswesen, der nach über 30 Jahren keine Anerkennung mehr findet. Eine Umschulungsmaßnahme stand mir nicht mehr zu, allerhöchstens Weiterbildung, und diese auch nur in dem Bereich, in dem ich zuletzt praktisch tätig war, also im Büro- und

Verwaltungsbereich. Na immerhin, dazulernen wollte ich schon gern noch etwas. Aber es war Herbst, und die Weiterbildungsmaßnahmen hatten bereits alle begonnen. Ich wurde auf das nächste Jahr vertröstet. Was nun?

Die Botschaft des Arbeitsamtes, dass der Marktwert eines Menschen mit jedem Tag in der Arbeitslosigkeit sinkt, hatte mich erreicht und machte mich unruhig. Wie viele Chancen gab es für mich, nach 30, 40 oder gar 80 Bewerbungen irgendeine Arbeit zu bekommen? Wo doch schon junge Leute mit guter Ausbildung auf der Straße standen? Menschlich gesehen ziemlich aussichtslos. Aber etwas in mir sträubte sich dagegen. Ich wollte glauben, dass Gott mich nicht vergessen hatte. Nur, wie finde ich den Platz, den er mir zuweisen möchte? Wo kann ich mich mit meinen Fähigkeiten einbringen, auch ohne jetzt noch anerkannten Berufsabschluss?

Ich hielt am Computer Ausschau nach Arbeitsfeldern, die meinen früheren ähnelten, und ging dann auf Entdeckertour durch die neue Stadt. Mein erster Weg führte mich zum Jugendgästehaus einer diakonischen Einrichtung, das erst kurze Zeit vorher eröffnet worden war. Dort traf ich sehr nette Mitarbeiter, denen ich von meinem Interesse erzählte.

Bereitwillig führten sie mich vom Keller bis unters Dach und stellten mir ihre Arbeit vor. Ich schnupperte vertraute Luft und, wieder im Foyer gelandet, fasste ich mir ein Herz und fragte, ob es denn auch noch freie Arbeitsplätze im Haus gebe. Vielsagender Blickwechsel bei meinen Gesprächspartnern und das Angebot, doch gleich mal die Chefin zu holen. Das war mir ja nun wirklich peinlich. Ich wusste doch, wie störend unerwartete Besucher im Arbeitsablauf sein können. Eigentlich hätte ich lieber abgewinkt, aber der junge Mann war schon um die Ecke und kam strahlend mit der Chefin zurück. Sympathie auf den ersten Blick, von beiden Seiten. Nach einem kurzen Informationsgespräch dann das umwerfende Angebot: „Sie schickt der Himmel, möchten Sie eine volle Stelle oder Teilzeit, und haben Sie die Bewerbungsunterlagen gleich dabei?"

Ich dachte, ich verhöre mich. Mein allererster Versuch, Arbeit zu finden, sollte erfolgreich sein? So viel Führung erschreckte mich nun doch. Ich war sprachlos, aber überglücklich. Keine vier Wochen später saß ich am neuen Schreibtisch und war nicht mehr arbeitslos. Ich hatte eine neue Aufgabe gefunden, weil Gott meine Schritte gelenkt hatte. Ich fand neue Kollegen und Freunde und wurde eingebunden in ein Team, das für andere Menschen da sein möchte, mit einem fröhlichen Lächeln und einem dankbaren Herzen.

Arbeitslosen-Statistiken lese ich heute anders als früher. Jetzt kenne ich die Erfahrung selbst, ohne viel Hoffnung Arbeit zu suchen. Und ich weiß auch, wie man sich fühlt, wenn das Selbstwertgefühl kleiner und kleiner wird. Nach menschlichem Ermessen hatte ich keine Chance auf Arbeit, aber darauf kam es nicht an, weil Gott wie ein guter Vater für mich gesorgt hat. Seine Treue und Fürsorge gilt mir, auch wenn ich manchmal denke, allein auf dem Weg zu sein. Zwar weiß ich jetzt von meinem geringen „Marktwert", aber Gott gewichtet anders. Wie gut!

Es geht – wenn auch auf Krücken

Wenn Frau F. aus dem Auto steigt und die kleine Anhöhe zur Kirche in Angriff nimmt, denken Beobachter: Die arme Frau kann sich nur noch auf zwei Krücken bewegen, und das fällt ihr auch immer schwerer. Frau F. aber sagt bei der Begrüßung: „Ich hab's wieder geschafft. Auf Krücken geht es doch. Wie gut, dass ich sie habe." Sie strahlt mich an.

Ich weiß, wie sehr sich Frau F. freut, wenn sie am Gottesdienst der Gemeinde teilnehmen kann. Früher hat sie dort auch im Chor mitgesungen und gelegentlich den Gemeindegesang auf dem Klavier begleitet. Sie gewann mit ihrer fröhlichen Ausstrahlung rasch Freunde und gehört einfach fest dazu.

Frau F. erlebte schwere Kindheits- und Jugendjahre während des Zweiten Weltkriegs, musste aus Ostpreußen fliehen und war heimatlos. 1960 wurde sie zu einer Evangelisation mit Billy Graham in Essen eingeladen. Damals vertraute sie ihr Leben Jesus Christus an. Auch ihr späteres Leben war keineswegs immer leicht. Aber ihre Liebe zu Jesus prägt sie so sehr, dass sie allen Menschen mit großer Freundlichkeit begegnet. Mit zunehmendem Alter kamen dann auch schwere Krankheitstage. Die Knochen spielten nicht mehr mit. Frau F. musste sich mehreren großen Operationen unterziehen. Die Schmerzen blieben jedoch. Wenn sie gefragt wurde, wie es ihr ging, sagte sie: „Ich hab doch meine Krücken. Die helfen mir, dass ich das Haus noch verlassen kann. Ich kann sogar noch in die Badeanstalt zum Schwimmen kommen. Und wenn die Schmerzen mich richtig fertigmachen wollen, dann denke ich immer an mein Lieblingsbibelwort: Ich habe dir geboten, dass du getrost und unverzagt seist. Lass dir nicht grauen und entsetze dich nicht. Der Herr ist mit dir bei allem, was du tun wirst (Josua 1,9).“

Frau F. lebt jeden Tag mit dem Wort Gottes. Es richtet sie immer wieder auf an besonders schmerzvollen Tagen. Manche Gemeindeglieder wissen das. Sie sagen: „Wenn Frau F. mit ihrem strahlenden Gesicht auf den beiden Krücken auftaucht, hilft mir das, mit meinen eigenen Schwierigkeiten besser klarzukommen.“

Neulich erlebte Frau F. eine ganz besondere Freude. Sie konnte schon seit längerer Zeit nicht mehr Klavier spielen, weil die Schultern besonders schmerzten, wenn sie die Arme hochheben wollte. Ihr Sohn baute ihr einen ganz hohen Klavierstuhl, sodass sie die Arme einfach nur auf die Tasten des Klaviers fallen lassen muss. Frau F. spielt nun wieder. Natürlich klappt es nicht mehr so gut wie früher. Sie erklärt mir: „Auf manche schwierige Stücke meiner geliebten alten Meister muss ich verzichten. Aber stellen Sie sich vor, ich kann jetzt wieder Choräle spielen und dazu singen. Das Lob Gottes ist doch die beste Medizin gegen alle Traurigkeit über das, was heute nicht mehr geht."

ELKE WERNER

Die Angst loslassen

Eigentlich bin ich ein ängstlicher Mensch. Als Jugendliche hatte ich Angst vor Veränderung, vor fremden Menschen, vor unbekannten Situationen und Orten. Angst vor fast allem, auch vor Gott.

Meine Vorstellung von Gott war unscharf. Einerseits kannte ich viele Geschichten aus der Bibel durch den Kindergottesdienst, den ich mit Begeisterung jeden Sonntagmorgen besuchte. Andererseits konnte ich mir nicht richtig erklären, wie Gott denn nun wirklich war.

War er der gute Hirte, der liebevoll mit seinen Schafen umging? War er der Kriegsherr, der immer half, damit sein Volk Israel siegen konnte? War er der himmlische Aufpasser, der genau hinsah, was ich alles machte, und der mir eines Tages dafür die Rechnung präsentieren würde: Himmel oder Hölle? Oder war er nicht einfach sowieso viel zu beschäftigt, um sich mit einem so unbedeutenden und kleinen Menschen wie mir zu befassen? Hatte er nicht genug zu tun mit Menschen in großer Not, in Kriegs- oder Krisengebieten? Wieso sollte er ausgerechnet an mir, einem Mädchen im Ruhrgebiet, Interesse haben?

Wie auch immer, Gott blieb unberechenbar für mich und damit ein unkalkulierbares Risiko. Ich zweifelte eigentlich nie an seiner Existenz. Diese Welt zu erklären, ohne Gott als Schöpfer zu denken, schien mir unmöglich. Es war also für mich nicht die Frage, ob es einen Gott gibt, sondern wie dieser Gott ist und ob er mich überhaupt wahrnimmt.

Eines Tages tauchte in unserem Kindergottesdienst ein junger Mann auf. Ich selbst war konfirmiert und arbeitete bereits in der Leitung einer Kleingruppe mit. Dieser junge Mann lud mich in einen kleinen Jugendkreis einer benachbarten Kirchengemeinde ein. Da ich zu schüchtern war, die Einladung abzulehnen – ehrlichkeitshalber sei noch erwähnt, dass der junge Mann ganz nett war –, ging ich hin. Samstagnachmittag, 15 Uhr, kam ich herausgeputzt wie zum Besuch einer Disko im Gemeindehaus der evangelischen Kirche an. Einige wenige Jugendliche waren schon dort. In Jeans und Parka, riesigen Pullovern und total ausgeflippten Klamotten. Da war ich mit Minikleid und gekämmten Haaren eine Exotin.

Kritisch wurde ich begutachtet. Wen ich denn suche, fragte man mich. Ich erwähnte den jungen Mann, der mich eingeladen hatte. Er sei krank, erfuhr ich. Was tun? Einfach wieder gehen? Das traute ich mich nicht. Also blieb ich und wartete auf eine gute Gelegenheit, den Raum zu verlassen, ohne Aufsehen zu erregen.

Immer mehr Jugendliche trafen ein. Sie sangen Lieder. Sie redeten von Jesus und beteten zu ihm. Mein Herz pochte bis zum Hals. Wo war ich hier nur hingeraten? In mir stiegen Unmut und Entsetzen auf. Wie konnten die es wagen, Gott so zu lästern? Wieso redeten sie zu Jesus? War der nicht nur ein Mensch? Zweifelsohne ein guter Mensch, aber eben nur ein Mensch und nicht Gott. Das war doch Gotteslästerung, was sie hier betrieben! Und dann noch der Hammer: für einen Grippekranken zu beten! Eine Grippe ist doch kein ausreichender Grund, Gott zu belästigen! Die geht doch von allein wieder weg. Nur ein einziges Mal hatte ich bis dahin zu Gott für eine Kranke gebetet. Eine Nachbarin, die zehn Kinder hatte, war lebensgefährlich krank. Das war Grund genug. Aber eine Grippe? Ich war irritiert.

Irgendwie faszinierten mich diese Jugendlichen und ihre Art, ganz unbefangen mit Gott umzugehen, aber doch. Gleichzeitig stieß mich das auch ab. Es war mir zu kumpelhaft, zu wenig liturgisch. Zu direkt. Eigentlich unverschämt Gott gegenüber. Gott würde das nicht lange durchgehen lassen, das stand für mich fest.

Mit Mühe und Not schaffte ich es irgendwann, den Raum zu verlassen. Ich weinte, ich war aufgewühlt. Mein Bild von Gott, von Christen, von Christsein war aufs Tiefste erschüttert. Wenn diese Leute Christen waren – was war ich denn dann? Und wenn sie keine waren – wie konnte man sie aus dieser Sekte befreien? Dieses Anliegen schien mir so wichtig, dass ich für die verirrten Seelen der jungen Leute betete. Gott möge sich erbarmen und ihnen verzeihen, dass sie zu Jesus beteten.

Einige Wochen später ging ich noch einmal in diesen Kreis. Freudig wurde ich begrüßt. Dieses Mal hatte ich Verstärkung mitgenommen und fühlte mich sicherer. Doch die Angst überwog immer noch. Dennoch wuchs in mir die Sehnsucht, selbst auch Gott zu kennen. Diese persönliche Beziehung zu ihm zu haben, von der alle sprachen. Ich kam wieder, immer wieder, ein Jahr lang.

Meine Fragen wurden nach und nach beantwortet. Ich verstand, dass Jesus ja selbst von sich sagt, dass, wer ihn sieht, den Vater sieht.

Jesus selbst behauptet, Gott zu sein. Entweder Jesus war ein Spinner, oder es ist wahr und er war Gott. Und wenn ich ihm und seinem Wort, der Bibel, glaube, dann ist er der einzige Weg zum Vater im Himmel, zu Gott.

Also beschäftigte ich mich mit den Evangelien. Ich las sie mehrmals durch. Ich suchte nach Aussagen über Jesus, über Gott. Dabei kam ich zu einer ganz anderen Vorstellung von Gott, als ich sie als Kind gehabt hatte. Gott war nicht weit weg. Seit dem Sündenfall von Adam und Eva versucht er, die Menschen wieder für sich zu gewinnen. In Liebe, in Zurückhaltung und Geduld. Meine Vorstellungen korrigierten sich. Jeder Mensch auf der Erde ist ihm sehr wohl bekannt. Ja, sogar jedes Haar jedes einzelnen Menschen ist bei ihm gezählt. In Jesus ist er selbst in diese Welt gekommen, um sie zu retten. Mich zu retten, uns zu retten. Jeden zu retten, der sich retten lassen will. Als Jesus am Kreuz starb, starb er an meiner Stelle. Er nahm meine Schuld auf sich, damit ich frei und ehrlich zu Gott kommen kann und er die Möglichkeit hat, mir zu vergeben. Gott ist für mich, nicht gegen mich.

Meine Angst vor Gott wich. Ich verstand immer mehr, dass das Wesen Gottes Liebe ist. Uneigennützige Liebe. Ich verstand mehr und mehr, dass ich im Leben von Jesus ablesen kann, wie Gott ist. Ich las in der Bibel und lernte Gott besser kennen. Doch mein tägliches Leben war noch nicht von Gott geprägt. Es fehlte noch etwas Wesentliches, nämlich die Bereitschaft, Gott mein ganzes Leben anzuvertrauen. Während einer Woche mit Vorträgen zu Glaubensfragen bei uns in der Stadt wurde das von einem Prediger gut erklärt: Gott will das steinerne Herz aus mir herausnehmen und mir ein lebendiges Herz geben, in dem Gottes Geist zu Hause ist. So wird es im Hesekiel-Buch in der Bibel beschrieben. Ich stimmte dieser „Herzoperation" zu und betete mit anderen, dass von nun an Gott in meinem Leben die Regie übernehmen sollte. Von Stund an war etwas in mir neu geworden. Eine tiefe Freude hielt Einzug. Ich wusste, ich bin nicht mehr allein. Jesus lebt in mir. Ich werde keine Situation mehr alleine meistern müssen. Er wird bei mir sein. Alle Tage, bis ans Ende der Welt.

Schon oft in meinem Leben als Christin ist genau dieser Aspekt sehr wichtig geworden. In Krisenzeiten, in Trauerzeiten. Auch als ich selbst an Krebs erkrankte und die Ärzte mir nur noch wenige Monate zu leben gaben. Auch in diesen Situationen war Gott da, genauso, wie er es versprochen hatte. Und er hat mir die Angst genommen. Angst vor dem, was kommen könnte. Egal was kommt – wenn Gott dabei ist, kann ich es durchstehen. Mit seiner Hilfe kann ich überwinden, was sich schwierig gestaltet. Durch ihn habe ich immer einen positiven Ausblick auf das Leben. Denn selbst der Tod verliert seinen Schrecken, wenn man weiß, dass man ewig lebt. Auch nach dem Tod lebt.

Nicht alle Ängste bin ich schon losgeworden. Doch was ich seit diesem Tag alles mit Gott erlebt habe, hat mich verändert. Die guten Erfahrungen der Hilfe Gottes, selbst in den schwersten Stunden, haben mir bestätigt: Gott ist gut, und er liebt mich. Mit diesem Fundament im Leben kann ich auch Stürme durchstehen, kann ich mutig leben. Aus dem Angsthasen, der ich einmal war, ist inzwischen ein etwas mutigerer Mensch mit so manchen restlichen Ängsten geworden. So wie Jesus es ausdrückt: „In der Welt habt ihr Angst, aber seid getrost, denn ich habe die Welt überwunden" (Johannes 16,33).

Quellenverzeichnis

Ahrens, Hanna: Trösten wie eine Mutter; aus: dies.: Worte, die den Tag verändern. Brunnen Verlag, Gießen 1996, S. 62ff, www.brunnen-verlag.de

Ahrens, Hanna: Zwischen Familie und Beruf; aus: dies.: Ich möchte über meinen Schatten springen. Brunnen Verlag, Gießen 1995, S. 114ff, www.brunnen-verlag.de

Baltes, Steffi: Weit-Blick; aus: dies.: Sie hörten auf den Herzschlag Gottes. Inspirationen aus dem Leben der irischen Christen. © 2005 Verlag der Francke-Buchhandlung, Marburg.

Bleier, Bianka: Traum-haftes Strandleben; aus: dies.: Strandgut. Fundstücke vom Meer. © 2014 SCM-Verlag GmbH & Co. KG, Witten.

Blunck, Brunhilde: Es geht – wenn auch auf Krücken; aus: Brunhilde & Jürgen Blunck: Spät gefunden, reich beschenkt. Den Reichtum des Glaubens entdecken. © 2009 SCM-Verlag GmbH & Co. KG, Witten, S. 38ff.

Bormuth, Lotte: Ein Engel auf der Autobahn; aus: dies.: Was mich hoffen lässt. © 2009 Verlag der Francke-Buchhandlung, Marburg, S. 111ff.

Bücken, Eckart: All eure Sorgen; aus: Axel Kühner: Voller Freude und Gelassenheit. 365 Andachten. © 2011 Neukirchener Verlagsgesellschaft mbH, Neukirchen-Vluyn, S. 374.

Feldkirch, Walter: Glauben heißt, sich tragen lassen; aus: ders.: Der Pastor und der Elefant und andere heiter-besinnliche Geschichten. © 2003 SCM-Verlag GmbH & Co. KG, Witten, S. 181f.

Freitag, Christiane: Marktwert; aus: Alexa Länge (Hg.): Hoffentlich. 21 wahre Geschichten. Brunnen Verlag, Gießen, 9. Aufl. 2012, S. 28ff, www.brunnen-verlag.de

Haaften, Noor van: Ein neues Lied; aus: dies.: Das Kästchen im Kleiderschrank und andere Erlebnisse, die das Herz bewegen. © 2015 Gerth Medien GmbH, Asslar, in der Verlagsgruppe Random House GmbH, München, S. 49ff.

Haaften, Noor van: Jahreszeiten des Lebens; aus: dies.: Geschichten für zwischendurch. © 2006 SCM-Verlag GmbH & Co. KG, Witten, S. 68ff.

Haaften, Noor van: Willem; aus: dies.: Neue Geschichten für zwischendurch. © 2008 SCM-Verlag GmbH & Co. KG, Witten, S. 61ff.

Kingsbury, Karen: Ein Kind wird sie leiten; aus: dies.: Öffne dein Herz für ein Wunder. © 2013 Gerth Medien GmbH, Asslar, in der Verlagsgruppe Random House GmbH, München, S. 163ff.

Kley, Sabine: Mein Hirte; aus: dies.: Zwischen Huhn und Himmel. Begegnungen mit Gott im Hühnerstall. Eine Pfarrfrau erzählt. © 2013 Neukirchener Verlagsgesellschaft mbH, Neukirchen-Vluyn, S. 116.

Kley, Sabine: Was hilft in Notzeiten?; aus: dies.: Zwischen Huhn und Himmel. Begegnungen mit Gott im Hühnerstall. Eine Pfarrfrau erzählt. © 2013 Neukirchener Verlagsgesellschaft mbH, Neukirchen-Vluyn, S. 47.

Kley, Sabine: Wie ein nasser Sack; aus: dies.: Zwischen Huhn und Himmel. Begegnungen mit Gott im Hühnerstall. Eine Pfarrfrau erzählt. © 2013 Neukirchener Verlagsgesellschaft mbH, Neukirchen-Vluyn, S. 10.

Koranyi, Max: Angst; aus: ders.: Zum Leben gemacht. 365 Andachten. 2., durchgesehene und veränderte Auflage. © 2011 Neukirchener Verlagsgesellschaft mbH, Neukirchen-Vluyn, S. 459f.

Koranyi, Max: Frühzeitig; aus: ders.: Zum Leben gemacht. 365 Andachten. 2., durchgesehene und veränderte Auflage. © 2011 Neukirchener Verlagsgesellschaft mbH, Neukirchen-Vluyn, S. 68f.

Kühner, Axel: Alltag oder All-Tag; aus: ders.: Voller Freude und Gelassenheit. 365 Andachten. © 2011 Neukirchener Verlagsgesellschaft mbH, Neukirchen-Vluyn, S. 58.

Kühner, Axel: Auf Händen getragen; aus: ders.: Voller Freude und Gelassenheit. 365 Andachten. © 2011 Neukirchener Verlagsgesellschaft mbH, Neukirchen-Vluyn, S. 35.

Kühner, Axel: Das ändert die Lage; aus: ders.: Voller Freude und Gelassenheit. 365 Andachten. © 2011 Neukirchener Verlagsgesellschaft mbH, Neukirchen-Vluyn, S. 106.

Kühner, Axel: Gott ist noch da; aus: ders.: Voller Freude und Gelassenheit. 365 Andachten. © 2011 Neukirchener Verlagsgesellschaft mbH, Neukirchen-Vluyn, S. 47.

Kühner, Axel: Im Vertrauen geborgen; aus: ders.: Du kannst nicht tiefer fallen als in Gottes Hand. Worte der Ermutigung. © 2014

Neukirchener Verlagsgesellschaft mbH, Neukirchen-Vluyn, S. 102.

Kühner, Axel: Ohne Sorge; aus: ders.: Voller Freude und Gelassenheit. 365 Andachten. © 2011 Neukirchener Verlagsgesellschaft mbH, Neukirchen-Vluyn, S. 324.

Kühner, Axel: Vivit – Er lebt!; aus: ders.: Voller Freude und Gelassenheit. 365 Andachten. © 2011 Neukirchener Verlagsgesellschaft mbH, Neukirchen-Vluyn, S. 176.

Kühner, Axel: Wir haben ein Ziel; aus: ders.: Du kannst nicht tiefer fallen als in Gottes Hand. Worte der Ermutigung. © 2014 Neukirchener Verlagsgesellschaft mbH, Neukirchen-Vluyn, S. 82f.

Prean-Bruni, Maria Luise: Vertraue mir!; aus: dies.: Mit Gottes Flügeln kannst du fliegen. Ermutigungen. © 2010 SCM-Verlag GmbH & Co. KG, Witten.

Ringelnatz, Joachim: Blues; aus: ders.: Das große Lesebuch. Fischer Taschenbuch Verlag, Frankfurt/Main ³2014, S. 122.

Swoboda, Jörg: Das Unmögliche anpacken; aus: ders.: Besser aufgeweckt als eingeweckt. 2. Auflage 2011 © Jörg Swoboda, S. 39f.

Swoboda, Jörg: Für alle Fälle; aus: ders.: Besser aufgeweckt als eingeweckt. 2. Auflage 2011 © Jörg Swoboda, S. 122f.

Swoboda, Jörg: Stille im Sturm; aus: ders.: Besser aufgeweckt als eingeweckt. 2. Auflage 2011 © Jörg Swoboda, S. 144ff.

Währisch, Elisabeth: Die gute Mischung; aus: dies.: Entdeckungen im Alltag. Kurze Geschichten zum Vorlesen und Selberlesen. © 2006 Aussaat Verlag, Verlagsgesellschaft des Erziehungsvereins mbH, Neukirchen-Vluyn, S. 39ff.

Währisch, Elisabeth: Liebe Traudel!; aus: dies.: Entdeckungen im Alltag. Kurze Geschichten zum Vorlesen und Selberlesen. © 2006 Aussaat Verlag, Verlagsgesellschaft des Erziehungsvereins mbH, Neukirchen-Vluyn, S. 147ff.

Wendel, Kerstin: Hundert Nebeltage und mehr; aus: Cornelia Haverkamp (Hg.): Spuren im Sand. Spuren im Leben. Brunnen Verlag, Gießen 2014, S. 25ff, www.brunnen-verlag.de

Werner, Elke: Die Angst loslassen; aus: Alexa Länge (Hg.): Hoffentlich. 21 wahre Geschichten. Brunnen Verlag, Gießen, 9. Aufl. 2012, S. 59ff., www.brunnen-verlag.de

Werth, Jürgen: Alles auf eine Karte; aus: ders.: Der Engel auf der Autobahn. Gewöhnliche und ungewöhnliche Geschichten und Erfahrungen. © 2007 SCM-Verlag GmbH & Co. KG, Witten, S. 31.

Werth, Jürgen: Wie ein Gespräch am Telefon; aus: ders.: Der Engel auf der Autobahn. Gewöhnliche und ungewöhnliche Geschichten und Erfahrungen. © 2003 SCM-Verlag GmbH & Co. KG, Witten, S. 104f.

Wiemer, Rudolf Otto: Die Chance der Bärenraupe, über die Straße zu kommen; aus: ders.: Ernstfall. Gedichte. © 1989 Steinkopf-Verlag, Stuttgart/Kiel.

Winterhoff, Birgit: Gute Zeiten – schlechte Zeiten; aus: dies.: Hoffnung hält lebendig. Impulse für heute und morgen. © 2010 Aussaat Verlag, Neukirchener Verlagsgesellschaft mbH, Neukirchen-Vluyn, S. 111ff.

Winterhoff, Birgit: Nicht allein unterwegs; aus: dies.: Hoffnung hält lebendig. Impulse für heute und morgen. © 2010 Aussaat Verlag, Neukirchener Verlagsgesellschaft mbH, Neukirchen-Vluyn, S. 34ff.